Laura Spies, Andreas Lentz (Hrsg.)
Frieden mit der Natur

Es gibt heute unbedingt viele gute Gründe, das weibliche Geschlecht wieder besser sichtbar zu machen. Dies ist seit mehr als 40 Jahren auch Anliegen unseres Verlages. Ob dies durch Gendern erreicht wird, darf man jedoch hinterfragen, immerhin geht es um unsere *Mutter*sprache. Sicher ist, dass der grammatische Genus nichts über das Geschlecht (Sexus) aussagt. Deswegen halten wir uns als Verlag beim Gendern bewusst zurück. Ausführliche Begründung dazu unter www.neue-erde.de/derdiedas

Laura Spies & Andreas Lentz
Hrsg.

Frieden
mit der
Natur

19 Annäherungen

Sonderausgabe zum
40-jährigen Bestehen des
Verlages NEUE ERDE

NEUE ERDE

Bücher haben feste Preise.
1. Auflage 2024

Laura Spies und Andreas Lentz (Herausgeber)
Frieden mit der Natur

© Neue Erde GmbH 2024
Alle Rechte vorbehalten.

Umschlag:
Foto: Denis Belitsky/shutterstock.com
Gestaltung: Laura Spies und Dragon Design GB

Satz und Gestaltung:
Dragon Design, GB
Gesetzt aus der Palatino

Gesamtherstellung: Appel & Klinger, Schneckenlohe
Printed in Germany

ISBN 978-3-89060-853-2

Neue Erde GmbH
Cecilienstr. 29 · 66111 Saarbrücken
Deutschland · Planet Erde
www.neue-erde.de

Danksagung

Wir danken allen beteiligten Autoren für die eigens verfassten Aufsätze, die honorarfrei zur Verfügung gestellt wurden, was maßgeblich dazu beigetragen hat, das Buch zu diesem günstigen Sonderpreis anbieten zu können.

Wir danken den ungezählten Inspirationsquellen, die diesen vielfältigen Strauß von inspirierenden Gedanken ermöglicht haben, seien es gedruckte Bücher oder die vielgestaltigen Wesen der Natur.

Wir danken der Erde und dem Leben, das sie trägt, für unser Dasein.

INHALT

ANHANG

Ausgewählte Beiträge aus der Ausgabe von 1984

Eine Einladung

Liebe Leserin, lieber Leser,
in einer Welt, in der Kriege aller Art die Schlagzeilen dominieren,
findet der größte Kampf oft unbemerkt statt: der Krieg gegen die
Natur. Die Menschheit hat sich in einer blinden Jagd nach Fortschritt,
Macht und Reichtum verloren. Wir erleben weltweit eine zunehmende Flucht in Drogen und Ablenkungen. Die Überlastung durch
den modernen Lebensstil, die ständige Reizüberflutung und der Lei-
stungsdruck führen dazu, dass wir uns häufig abwenden – nicht nur
von der Natur, sondern auch von uns selbst. Diese Entfremdung von
unserer eigenen inneren Natur verstärkt die Kluft zwischen Mensch
und Erde.

Wir haben uns von der Natur abgekoppelt und sie in viele Teile zer-
legt, die es zu manipulieren und zu nutzen gilt. Diese Sichtweise hat zu
einem rücksichtslosen Umgang mit unserem Planeten geführt – zur
Übernutzung, Verschmutzung und Vernachlässigung. Die verheeren-
den Auswirkungen auf unseren Planeten wie Klimaveränderungen,
Artensterben und Umweltkatastrophen sind direkte Folgen dieser
dysfunktionalen Beziehung zwischen Mensch und Natur.

Dabei haben wir vergessen, dass wir ein untrennbarer Teil dieses
natürlichen Gefüges sind. Jeder Fluss, jedes Tier und jeder Stein, sie
alle haben einen wertvollen Platz inne. Und sie alle erhalten bestän-
dig, was sie zur Existenz brauchen: saubere Luft, Wasser und ein in
sich funktionierendes Ökosystem. Wir sollten diese Gaben schätzen
und verantwortungsbewusst mit ihnen umgehen, um sie für künftige
Generationen zu bewahren.

Es geht darum, die Natur nicht nur als Ressource zu betrachten,
sondern als einen lebendigen Organismus, von dem wir Teil sind und
in vielfältigen symbiotischen Beziehungen mit seinen anderen Teilen
stehen.

Seit nunmehr 40 Jahren setzt sich der Verlag *Neue Erde* mit Leidenschaft und Engagement für den *Frieden mit der Natur* ein. Er bietet

eine Plattform für Menschen, die sich intensiv mit naturbezogenen Themen auseinandersetzen. Unterschiedlichste Sichtweisen kommen hier zusammen, doch eines eint sie: das Erkennen der Erde als ein lebendiges Wesen.

Dieses Buch vertritt 19 Stimmen, die sich dem Frieden mit der Natur auf ihre individuelle Weise nähern. Die Beiträge sind mehr als bloße Gedanken, sie sind eine Einladung: eine Einladung nicht nur zur Wiederentdeckung der Natur als etwas außerhalb von uns selbst, sondern auch zu einer Wiederentdeckung unserer uns innewohnenden Menschlichkeit und unserer Verbundenheit mit allem Lebendigen; eine Einladung zu einem Wandel vom anthropozentrischen zum ökozentrischen Weltbild.

Wir möchten dazu aufrufen, die Entfremdung zwischen Mensch und Natur zu überwinden und eine neue, respektvolle und liebevolle Beziehung aufzubauen.

Wahrer »Frieden« bedeutet nicht einfach nur die Abwesenheit von Konflikten; Frieden bedeutet, im Einklang miteinander zu existieren, sei es zwischen Einzelnen, zwischen Gemeinschaften oder zwischen Mutter Erde und Mensch.

Möge dieses Buch uns zu den Wurzeln unseres Menschseins führen und uns helfen, in Harmonie mit den natürlichen Kreisläufen zu leben, anstatt sie zu (zer-)stören. Möge es als kraftvolles Werkzeug dienen, um Bewusstsein zu schaffen und positive Veränderungen in der Welt zu fördern.

Laura Spies im Dezember 2023

40 Jahre für eine neue Erde
und für einen erneuten Friedensschluss zwischen Mensch und Natur

Als ich 1984 mit Neue Erde als Verleger neu anfing, sah die Welt noch ganz anders aus, keine Frage. Und doch: Vieles, was uns heute als globale Probleme auf die Füße fällt, war auch damals schon absehbar und wurde thematisiert: Ausbeutung der Dritten Welt, Umweltverschmutzung, Hochrüstung und Grenzen des Wachstums. Und nicht nur das: Es wurden grundsätzliche Fragen gestellt zu unseren Narrativen und Paradigmen, nicht zuletzt angestoßen durch Indigene und Weise aus dem Osten.

Es war eine Zeit, in der vieles heraufbrodelte, was lange unter dem Deckmantel des Fortschritts und der Zivilisation zurückgehalten wurde.

Schon seit mir als Kind meine kleine Wildnis vor der Haustür genommen worden war und ich mich lesend in die Welt der Indianer flüchtete, fühlte ich mich fremd in einer Menschenwelt, die so wenig Sinn für die Natur hatte und keine Verbindung mit ihr empfand. Freunde fand ich in Büchern, hier sprachen Geistverwandte zu mir. Und so war es ein logischer Schritt, auf diesem Wege – über Bücher – nach solchen Freunden Ausschau zu halten und damit zugleich meinen Geistverwandten Bestätigung und Ermutigung zu vermitteln.

Die Gelegenheit fand sich, als ich Reiner Stelzer und seinen Release-Verlag kennenlernte, in den ich mich bald einbrachte, damals mit dem Buch »Der Papalagi«, das ein heimlicher Bestseller war, und in verschiedenen Ausgaben (unter anderem bei Werner Piepers »Grüner Kraft«) kursierte. Es war auch die Zeit der Raubdrucke: Das Tibetische Totenbuch, Wilhelm Reich, Carlos Castaneda und Timothy Leary waren einige der Titel und Autoren, die hier aus der Subkultur auftauchten.

Das war Anfang der 70er-Jahre, und in der Zeit entdeckte ich die amerikanische Ausgabe von »The Praying Flute«, in der ich mich wiederfand und die ich 1975 auf deutsch herausbrachte im Mutter Erde-Verlag, damals mit freundschaftlicher Unterstützung von Wolfgang Jünemanns »Middle Earth«.

Es folgten eine Reihe weiterer Titel und die Kalender »Indianerleben«, mit denen ich die indigene Weltsicht verbreiten wollte, und ich entdeckte Herman Wirth für mich, über den ich die bei uns heimische erdverbundene Urkultur wiederfand. So gab es 1980 in Frankfurt eine gut besuchte Veranstaltung mit dem Ureuropäer Herman Wirth, dem aus dem Schwabenland stammenden Schwarzfuß-Medizinmann Adolf Hungry Wolf und dem afrikanischen Medizinmann Okonfo Kawawa (Rashid Omoniyi).

Der Mutter Erde-Verlag hatte mit seinen Büchern aber nicht den erhofften Erfolg, so dass ich 1982 Konkurs anmelden musste. Jedoch ließ mich das Bücherverlegen nicht los, und so begann ich 1984 mit ein paar kleinen Büchern; und die ISBN 001 – das erste Buch also – trug der schmale Band »Frieden mit der Natur«.

Einige der damals in diesen Sammelband aufgenommenen Beiträge finden Sie als Reminiszenz hinten in diesem Buch. Aber ich darf mit einem gewissen Stolz und in großer Demut sagen, dass durch mein verlegerisches Wirken ein ganzes Netz von Beziehungen entstanden ist von Menschen, die bei aller Verschiedenheit an einer »Neuen Erde« mitarbeiten, die nur durch einen Friedensschluss mit der Natur Gestalt annehmen kann: das heißt mit dem ganzen Lebensnetz und allen Geschöpfen.

So finden Sie in diesem Buch 19 aktuelle Beiträge von Autorinnen und Autoren, die auf je ganz eigene Art ihre Gedanken ausbreiten und Sie teilhaben lassen. Und wenn sie mit dazu beitragen, Freunde und Geistverwandte zusammenzubringen und Sie auf den Weg des Herzens zu einem Frieden mit der Natur zu geleiten, dann erfüllt sich der Sinn meines verlegerischen Wirkens.

Andreas Lentz im Oktober 2023

 Andreas Lentz, der Verleger des Verlags Neue Erde, hat mit seinem Engagement für Bücher, die seit nun 40 Jahren erscheinen, einen bedeutenden Beitrag geleistet. Er setzt sich für eine erdverbundene und lebensbejahende Lebensweise ein, insbesondere in den Bereichen Natur, Gesundheit und Spiritualität. Durch Bücher wie *Spirituelle Ökologie* zeigt er, dass Spiritualität nicht im Gegensatz zum Materiellen steht, sondern beide untrennbar miteinander verbunden sind. Sein Engagement für den unabhängigen Buchhandel und seine klaren Entscheidungen zeugen von seiner Standhaftigkeit. Andreas Lentz kämpft unermüdlich für Mutter Erde und eine lebenswerte Zukunft.

www.neueerde.de

Eine neue Erdkultur

Matthias Blaß

Die erzürnte Mutter

Was geschieht, wenn wir anderen Menschen mit Respektlosigkeit, gar Gewalt begegnen? Womöglich noch über einen längeren Zeitraum hinweg? Nun, dann werden sich diese Menschen wohl zur Wehr setzen, und sollten sie es vermeiden, werden sie anderweitige Verhaltensauffälligkeiten ausbilden. Niemand wundert sich ernsthaft über die Folgen, wenn Beziehungen grundlegend gestört sind.

Bis heute scheinen aber viele zu glauben, solche Beziehungsmuster gäbe es nur im zwischenmenschlichen Bereich. Jedenfalls ist für moderne Kulturen die Überzeugung kennzeichnend, dass die Regeln des Zusammenlebens nur unter Menschen gelten. Denn die übrigen Wesen der Erde werden in diesem Weltbild nicht als relevante Partner für Beziehungen anerkannt. Eben dies hat es uns ja erlaubt, willkürlich mit ihnen zu verfahren. Unsere Beziehungslosigkeit gegenüber der Erde führte zu Teilnahmslosigkeit und die wiederum zu Respektlosigkeit bis hin zur Gewalt.

Doch welche Überraschung: Wie sonderbar sich die Erde, die wir einst unsere Mutter nannten, auf einmal benimmt! Ja, eigentlich hatten wir von der Klimakrise, dem Artensterben und dergleichen schon lange gehört, aber durch Hitzerekorde vor der eigenen Haustür, Dürren, Waldbrände und Überschwemmungen erfahren wir die Krise jetzt am eigenen Leib. Während die Einschläge näherkommen, gestehen wir Modernen uns etwas Unerhörtes ein: Wir waren das. Jahrhunderte lang haben wir die Erde so übel behandelt, dass sie aus dem Gleichgewicht geraten ist. Jetzt schlägt – wie wir einst gesagt hätten –

unsere erzürnte Mutter zurück. Ihre Kinder weiter versorgend, weiß
sie sich nicht mehr anders zu helfen, als die eigenen Sprösslinge zu
ohrfeigen.

Betreten, ratlos, aber einigermaßen aufgewacht stehen wir da. Die
markerschütternden Hilferufe der Erde fordern dazu auf, unser
Weltbild gründlich in Frage zu stellen. Ohne es zu wollen, hat die
moderne Wissenschaft, Technik und Wirtschaftsweise den Beweis
erbracht, dass die proklamierte Trennung von Mensch und Natur
eine gefährliche Illusion war. Wie die Folgen belegen, dürfen wir auf
die Pflege unserer außermenschlichen Beziehungen nicht verzichten.
Denn das gesamte Netzwerk der Erde ist es, das Lebendigkeit hervorbringt – unsere eigene natürlich eingeschlossen.

Im Grunde hatten wir uns die Natur wie ein regloses Bühnenbild
vorgestellt, vor dem sich das eigentliche Leben abspielt: die Dramen
der menschlichen Geschichten und Geschichte. Da die natürliche
Welt aber verhaltensauffällig wurde, kommt es uns nun gruseliger-
weise so vor, als würde sich das Bühnenbild plötzlich bewegen. Die
Requisiten von gestern werden zu tonangebenden Akteuren von
heute, die uns im Kostüm von Naturgewalten wissen lassen, dass sie
mitspielen wollen. Das liefert den Stoff für den letzten Akt dieses
lehrreichen Dramas: Die leichtsinnigen Kinder erkennen, wie lebenswichtig die Beziehung zu ihrer erzürnten Mutter ist. Zu guter Letzt
zeigen sie Reue und versöhnen sich.

Die ferne Geliebte

Bis zur Versöhnung werden wir an unserer Naturbeziehung aber
noch arbeiten müssen. Die Voraussetzungen scheinen günstig zu
sein, denn die Erde macht nicht nur durch die ökologische Krise auf
sich aufmerksam, sondern lockt auch immer mehr Menschen zu sich
ins Freie hinaus. Ob es ihnen nun mehr um die belebende Bewegung
beim Wandern, schlichte Erholung beim Spazierengehen oder um
Gesundheit und inneren Frieden beim Waldbaden geht – all diese
Menschen spüren instinktiv, dass die Natur ihren Leib und ihre Seele
auf eine Weise nährt, die sie in der modernen Lebensweise vermissen.

Naturbesucher lieben ihre Gastgeberin, weil sie sich bei ihr wie von Zauberhand wohlfühlen, ohne dafür etwas erbringen zu müssen.

Doch obwohl die Begeisterung für die Natur zunimmt, bleibt sie uns weiterhin fremd. Wir Spätmodernen sind wie schmachtende Liebhaber, die ihre Angebetete nicht kennen, weshalb unsere Annäherungsversuche eher an den Archetyp der fernen Geliebten als an den der Mutter erinnern. Machen wir uns – trotz Verschossenheit – nichts vor: Wie viele bekennende Naturliebhaber könnten mit dem Objekt ihrer Begierde eine entspannte oder gar lustvolle Nacht im Wald verbringen? Aus Furcht kann das heute kaum noch jemand. Die meisten Liebeshungrigen würden die Flucht ergreifen, wenn in ihrer Nähe ein aufgeschrecktes Reh bellt, weil sie den durchdringenden Warnruf nicht zuordnen können. Ein unternehmungslustiger Igel, der bei Dunkelheit im Laub raschelt, mausert sich in der Phantasie von Unerfahrenen leicht zu einem riesigen Wildschwein. Im klaren Morgenlicht würden sich diese Rätsel auch nicht auflösen, denn dafür müsste man die Spuren dieser Tiere lesen können. Und wie baut man eigentlich einen wärmenden Unterschlupf aus Naturmaterialien, der in der Nacht für Geborgenheit sorgt? Welche Pflanzen liefern das Frühstück?

Offenbar sind wir zu Fremden auf dem Land geworden, das uns trägt und ernährt. Insofern ergeht es uns ähnlich wie Migranten. Tatsächlich hat der koloniale Drang moderner Kulturen nicht nur Indigene von ihrem Land vertrieben und zu Migranten gemacht, er hat auch unser menschliches Innenleben samt Weltverhältnis kolonialisiert. Unser Migrationshintergrund ist, dass wir uns mit dem modernen Weltbild als Erdlinge entwurzelt und uns den Heimatboden unter den Füßen weggezogen haben. Wir waren verstiegen genug, von der Erde in eine vermeintlich enthobene Zivilisation auszuwandern, was die unter Migranten typische Gefühlslage hervorbringt: das Verlangen nach Heimat im fernen Land.

Wir Heutigen sind schlicht Naturwesen, die von der Natur getrennt leben, weshalb sie in uns sowohl Sehnsucht als auch Befremdung auslöst. Die beiden Pole stehen also keineswegs im Widerspruch zueinander, sondern gehören zum selben Phänomen. Doch weshalb können die enthusiastischen Wanderer und Waldbadegäste die Kluft zwischen diesen Polen nicht schließen? Das lässt sich leicht erklären: Denn wie das Sitzen in einer Bibliothek noch nicht zur Gelehrsamkeit führt, so entsteht durch den reinen Aufenthalt in der Natur noch keine kundige Vertrautheit mit ihr. Um Migranten in das Land einzugliedern, bedarf es mehr – und einige sträuben sich zunächst.

Die gute Freundin

Die erstaunliche Bedeutung der Raumfahrt dürfte auch daher rühren, dass wir uns insgeheim und teilweise sogar ausdrücklich auf die Emigration von der Erde vorbereiten wollen. Der Fluchtversuch in noch kühnere Weiten liegt in gewisser Weise nahe, da wir unseren Heimatplaneten im Augenblick verloren haben. Doch schon während die ersten Raumfahrer sich mit Pioniergeist von der Erde entfernten, blickten sie auch schon nachdenklich auf ihre Herkunft zurück. Erstmals war es Erdlingen möglich, den ganzen Planeten mit eigenen Augen zu betrachten. Die Ikone, die dieses Ereignis der Menschheitsgeschichte festhält, kennen wir alle. Es ist das berühmte Foto vom blauen Planeten, welches die Besatzung von Apollo 17 im Jahre 1972 aufgenommen hat. Das Bild wurde unzählige Male mit andächtigen Worten besprochen und bringt die Sehnsucht der Menschheit zum Ausdruck, sich von neuem auf der Erde anzusiedeln. Wenn wir es betrachten, nehmen wir die Perspektive von orbitalen Ausflüglern ein, die sich wieder auf den Landeanflug zu ihrem Heimatplaneten begeben. Um diese einsetzende Rückbesinnung zu bezeugen, ist die Ikone wichtig genug.

Frühere Interpreten hatten dem Foto stärkere Auswirkungen zugetraut. Das Motiv führe die Endlichkeit der Erde untrüglich vor Augen, weshalb die einzig mögliche Konsequenz sei, die vom Club of Rome ebenfalls im Jahre 1972 angemahnten »Grenzen des Wachstums« einzuhalten. Doch was hat das Wissen um Grenzen bewirkt? Wenn es uns in den vergangenen Jahrzehnten an einem nicht gemangelt hat, dann an Informationen darüber, auf welch gewaltige Krise wir zusteuern. Auf dieses Wissen haben wir aber kaum reagiert und den Eindruck erweckt, als hätten wir an unserem Überleben kein Interesse. Wie ist das bloß möglich?

Die Gründe sind vielschichtig, aber einer liegt sicherlich in der Kolonialisierung unseres Menschenbildes. Den vor allem vernunftgeleiteten Menschen, den die Moderne teils behauptet, teils gefordert hat, gibt es nicht. Wissen allein bewirkt im Menschen keinen grundlegenden Wandel. Dies bestätigt die Hirnforschung schon seit Jahren. Wenn wir die Erde wieder als Einheimische bewohnen und pflegen wollen, dann brauchen wir eine persönliche Beziehung zu ihr, dann müssen wir uns wieder mit dem Land verbinden, auf dem wir leben. Dafür ist es nötig, dass wir einen Reifungsschritt vollziehen. Nachdem wir uns wie unerzogene Kinder unserer Mutter aufgeführt und wie jugendliche Schwärmer die ferne Geliebte angehimmelt haben, schlage ich nun die gute Freundin als neue Beziehungspartnerin vor – zu der sowohl die Mutter als auch die Geliebte werden kann.

Um diese Freundin zu gewinnen, kommt uns entgegen, dass Freundschaften für uns Menschen wesentlich sind. Wir sind Wesen, die sich natürlicherweise auf Beziehungen ausrichten und mit der Zeit lernen, wie Freundschaften geschlossen werden. Erfahrungsgemäß geht es so: Wir müssen uns der Freundin gegenüber öffnen, uns einlassen, Zeit mit ihr verbringen, sie kennenlernen. Wir müssen herausfinden, wie sie tickt und sie mit ihren Eigenheiten annehmen. Einer Freundin begegnen wir mit wertschätzender Anteilnahme.

Die moderne Psychologie sieht Freundschaften freilich nur unter Menschen vor. Dementsprechend betrachtet sie lediglich die zwischenmenschlichen Beziehungen, während die zur Natur weitgehend ausgeblendet werden. Diese Sichtweise bringt einmal mehr die Naturentfremdung der vergangenen Epoche zum Ausdruck, die wir dringend überwinden müssen. Denn für unsere seelische Gesundheit brauchen wir Naturbeziehungen, weil wir Beziehungswesen überhaupt sind, nicht nur Menschenbeziehungswesen. Erleichternder Weise beruht die Freundschaft zur Natur auf den gleichen Voraussetzungen wie die zu anderen Menschen, so dass wir zutiefst darauf vorbereitet sind. Um uns mit Naturwesen anzufreunden, müssen wir uns öffnen, einspüren, sie genau kennenlernen und wertschätzen – also buchstäblich das gleiche in Grün.

Allerdings ist uns Heutigen der umfangreiche Erfahrungsschatz verlorengegangen, der unsere Vorfahren in ihren Naturbeziehungen gehalten hat. Deshalb habe ich das Buch *Freundschaft mit der Natur* geschrieben. Es beruht auf meinen langjährigen Erfahrungen als Leiter der Naturschule *Wildniswandern* und begleitet moderne Lehrlinge durch einen Jahreskurs. Dazu lade ich den Leser auf eine Entdeckungsreise ein, um die Natur vor der eigenen Haustür zu erkunden. Was hat der Vogel soeben gesagt? Wie schleichen wir unbemerkt und aufmerksam durch den Wald? Welcher Unterschlupf wärmt am besten? Wie werden Pflanzen und Tiere zu unseren Verbündeten? Wie erkennen wir uns im Spiegel der Natur? In einem Wechselspiel aus Geschichten, Übungen und Hintergrundwissen reifen die Antworten heran. Denn eine Freundschaft mit der Natur entsteht nur dann, wenn wir sie mit lebendigen Themen unmittelbar erfahren.

Das besagte Buch fördert unsere direkten Naturbeziehungen im wesentlichen dadurch, dass es unsere menschlichen Zugänge zur Welt belebt. Hier unterscheide ich vier Ebenen: Geist, Körper, Seele und Verstand. Diese Ebenen im Menschen eröffnen jeweils ein Tor, durch das wir mit der Welt verbunden sind. Zusammen betrachtet zeichnen die vier Tore ein ganzheitliches Bild vom Menschen. Allerdings haben wir Modernen uns besonders auf die Kultivierung des Verstandes konzentriert und dabei die übrigen Zugänge vernachlässigt. Weil der Intellekt überbetont wurde, leidet die momentane Komposition unseres Menschenbildes unter einer erheblichen Unstimmigkeit. Wenn wir mit uns selbst und der Natur wieder ins Gleichgewicht kommen wollen, müssen wir alle Zugänge gleichermaßen wachrufen. Im Buch erziele ich diese Ausgewogenheit, indem ich vier große Bereiche aus den menschlichen Toren hervorgehen lasse, die für Verbindung sorgen: der Geist gebiert die Naturspiritualität, der Körper das Naturhandwerk, die Seele die Naturwahrnehmung und der Verstand das Naturwissen. Diese Bandbreite ermöglicht ein weites Erfahrungswissen um die Natur, das eine kraftvolle Freundschaft mit ihr braucht.

Wenn wir uns der Natur mit unserem ganzen Wesen öffnen, wird sie mit der Zeit zur guten Freundin. Dann schließt sich die Kluft zwischen Sehnsucht und Fremdheit, die uns dazu brachte, die Erde wie jugendliche, flegelhafte Liebhaber zu verehren und zu verheeren. Erst aus der Verbundenheit mit der vertrauten Freundin entsteht die Fürsorge, die heute vonnöten ist. Dafür sind Freundschaften ja da, wie wir aus Erfahrung wissen: Sollten die Freunde in eine schwere Krise geraten, werden sie sich gegenseitig hindurchhelfen. Das können wir aber nur, wenn wir die Freundin gut kennen.

Die weise Älteste

Unsere Verbindung mit der Natur zu pflegen, dürfte die wichtigste Aufgabe im 21. Jahrhundert sein. Durch freundschaftliche Beziehungen wird es uns gelingen, aus der Emigration zurückzukehren und uns friedlich auf der Erde niederzulassen. Das haben aber noch nicht alle »außerirdischen« Rückkehrer verstanden, die sich im Grunde schon auf dem Landeanflug befinden. Viele vernehmen die Notrufe der Erde und behalten sie seither im Blick, hoffen jedoch weiterhin darauf, dass die ökologische Krise allein durch eine Weiterentwicklung von Technik zu überwinden sei. Das wäre bequem, weil wir an unserem Lebenswandel nicht viel ändern müssten. Die Technikgläubigkeit bleibt aber dem modernen Machbarkeitsdenken verhaftet, das die Krise hervorgebracht hat und führt deshalb noch tiefer in die Irre. Denn die kulturellen Rahmenbedingungen bestimmen darüber, was technische Innovationen erreichen wollen, wie sie genau konzipiert werden und ob wir sie weise einsetzen. Technologien spiegeln immer den Geist einer Gesellschaft wider. Solange es im kulturellen Raum kein intimes Verständnis vom Leben auf der Erde gibt, wird uns die erforderliche Ausrichtung fehlen, wobei und wie uns neue Technologien überhaupt helfen sollen.

Was jetzt vor allem ansteht, ist eine Weiterentwicklung von Kultur. Es geht um nichts Geringeres, als eine neue Bewusstseins-, Kultur-

und Gesellschaftsstufe zu entwickeln, deren oberstes Gebot die För-
derung des Lebens ist. Dadurch hellen sich unsere Aussichten auf:
Eine lebensförderliche Zukunft wird möglich, indem wir alte Weis-
heiten über das Zusammenleben auf der Erde mit modernen Errungenschaften verschmelzen. Wir brauchen eine zeitgemäße, nachmoderne Erdkultur, die es bisher nicht gab und noch nicht gibt.

Doch wer wird uns beraten, wie wir die nötige Erdung einer zukünftigen Kultur vollziehen? Das wird zunächst die gute Freundin
sein. Ihr müssen wir uns öffnen, anvertrauen und wie beschrieben in
Beziehung gehen. Dann sind wir von Natur nicht nur im übertrage-
nen Sinne erfüllt, sondern gleichsam angefüllt, so dass ihre Themen
in uns lebendig werden und zu sprechen beginnen. Je mehr Menschen
die Stimme der Freundin aber vernehmen, desto mehr dringen ihre
Anliegen bis in den kulturellen Raum hinein. Sie erhebt ihre Stimme
in uns, und wir erheben ihre Stimme unter uns allen, weil freundschaftliche Fürsorge das nahelegt. So räumen wir der Erde ein Mit-
spracherecht bei der Gestaltung der Zukunft ein.

Wenn wir länger im Austausch mit der Freundin bleiben, verrät
sie uns irgendwann auch, worin das Wesen des Lebens auf der Erde
besteht. Dieses Verständnis wird durch eine Fülle von Erfahrungen
heranreifen, die wir mit der Lebendigkeit der Natur samt unserer
eigenen sammeln. Damit erfährt unsere Ansprechpartnerin eine
letzte archetypische Verwandlung: Sie wird zur weisen Ältesten, die
unsere Vorfahren als Erdgöttin erlebten. Stellen wir uns eine Hüterin
der Weisheit vor, welche in den unendlichen Beziehungen des Erd-
gewebes gespeichert wurde, um Lebendigkeit hervorzubringen. Aus
dieser Quelle können die Prinzipien unserer Gesellschaft neu ergrü-
nen. Einige Zeitgenossen haben bereits begonnen, sich an die Weisheit der Erde wieder anzubinden und sie in die öffentlichen Debatten
hineinzutragen. Dort ist momentan ein enormer Paradigmenwechsel
im Gange, der offenbar von der weisen Ältesten eingeflüstert wurde.

An die Zukunftstauglichkeit des modernen Programms glaubt
heute jedenfalls kaum noch jemand. Es besagte, dass wir die natürliche Welt wie etwas Totes behandeln und fortwährend ausbeuten sol-

len, um immer mehr Wohlstand für eine separate Menschenwelt zu schaffen. Stattdessen zeichnet sich ein neues Erd- und Beziehungsparadigma ab, das unseren Sinn für Gemeinschaft auf die natürliche Welt ausdehnt und wieder auf die Pflege unserer Lebensbedingungen setzt. Zukünftig wird es nur noch eine Welt aus lauter lebendigen Teilnehmern geben, die miteinander in synergetischen Beziehungen stehen. Die rein »soziale Frage« nach der Verteilung des menschlichen Reichtums wird von der »ökosozialen Frage« abgelöst. Hier werden wir beantworten müssen, wie genau wir uns in die Erdgemeinschaft eingliedern wollen, so dass sie ihre lebensspendende Kraft erhält oder möglichst sogar steigert.

Dieser Perspektivwechsel wird sich durchsetzen, weil es zur Kooperation mit unseren Lebensgrundlagen keine Alternative gibt. Offen ist allerdings, wie wir mit den spätmodernen Ausprägungen der weiblichen Erdarchetypen verfahren. Werden wir schleunigst mit der guten Freundin und der weisen Ältesten über den Wandel beraten? Oder bleiben wir an der fernen Geliebten hängen, um am Ende desto schmerzlicher von der erzürnten Mutter zu einem Neuanfang gezwungen zu werden?

Eine neue Erdkultur

Angesichts unserer prekären Lage sollten wir eines nicht vergessen: Indigene Völker sind seit unvordenklichen Zeiten mit der Erde verbunden und in einem intensiven Dialog begriffen. Sie haben ihr Wissen um das Zusammenleben aller Wesen in Überlieferungen konzentriert, damit spätere Generationen davon lernen können. Wir Heutigen sind gut beraten, diesen Erfahrungsvorsprung dankend aufzunehmen. Schließlich ist den Indigenen gelungen, was unter dem Eindruck der jüngeren Geschichte kaum noch glaubhaft erscheint: Ihre Völker haben über lange Zeiträume in Frieden mit der Erde und untereinander gelebt. Im Umkreis von indigenen Siedlungen nimmt die Biodiversität in aller Regel sogar zu. Das sind keine Idealisierungen, sondern archäologisch und ethnologisch belegte Tatsachen. Wie haben diese Völker solch ein Kunststück vollbracht?

Ihr Rezept bestand und besteht in einer friedensstiftenden Kultur. Ein Bündel von kulturellen Werkzeugen sorgt dafür, dass die menschlichen Beziehungen zur Welt auf mehreren Ebenen gepflegt werden. So kann sich die Erdgemeinschaft als täglich erfahrbare Praxis etablieren.

Unser Weltverhältnis lässt sich in vier grundlegende Beziehungen unterteilen, auf die Friedenskulturen ihre Aufmerksamkeit richten. Dazu gehören unsere Beziehung zur Natur, zur Gemeinschaft, zu uns selbst und zur Geistwelt. Für die Pflege aller vier Bereiche gibt es kulturelle Routinen, die so miteinander in Resonanz stehen, dass sie eine gemeinsame Friedensabsicht verfolgen. Für diese kulturellen Werkzeuge habe ich mich auf meinen Reisen zu indigenen Völkern und Lehrern besonders interessiert. Außerdem konnte ich damit ausgiebig in der gelebten Verbindungskultur meiner Naturschule experimentieren, was zu vertiefenden Einsichten führte. Allmählich haben sich acht kulturelle Kernelemente herauskristallisiert, die sich den vier grundlegenden Beziehungen zuordnen lassen. Die folgende Aufstellung verschafft also einen Überblick, wie sich mir der Kern einer friedlichen, beziehungsstiftenden Erdkultur im Augenblick darstellt. Ich werde kurz erläutern, was mit den indigenen Kernelementen jeweils gemeint ist und Beispiele anführen, unter welchen Namen sie heute in verwandelter Form wieder aufleben:

Beziehung zur Natur

1. Schon immer entstand *Naturfreundschaft*, indem wir unser ganzes Wesen öffnen und uns mit lebendigen Themen unmittelbar verbinden. Mit der Wildnispädagogik haben die Naturschulen eine dementsprechende, zeitgemäße Erziehungskunst entwickelt.

2. Als *Gabenaustausch* bezeichne ich einen wirtschaftlichen Stoffwechsel aus Geben und Nehmen, der Fruchtbarkeit durch die wechselseitige Unterstützung seiner Teilnehmer erzielt. Dies wird von Allmende-Modellen in der Landwirtschaft bis hin zu Wikipedia wieder aufgegriffen, teilweise auch in der Kreislaufwirtschaft.

Beziehung zur Gemeinschaft

3. Die ökonomische Grundlage des *Gemeinwohls* bildete die Teilung aller lebensnotwendigen Güter, insbesondere der Nahrungsmittel. Genossenschaften und Sharing-Modelle basieren auf einem ähnlichen Prinzip.

4. Basisdemokratische *Kreiskultur* beruht auf den Regeln des Redekreises. Dazu gehören empathisches Zuhören, respektvolle Ehrlichkeit und angestrebte Einigkeit. Das wird mittlerweile in vielen Organisationen sowie in der gewaltfreien Kommunikation angewandt.

Beziehung zum Selbst

5. Die *Lebensaufgabe* entspringt aus unserer persönlichen Begabung, deren Entfaltung nicht nur uns selbst, sondern auch dem großen Ganzen dient. Dieser Zusammenhang wird momentan als sinnstiftende Selbstverwirklichung neu erfahren.

6. *Übergangsrituale* helfen, dem Wandel unserer persönlichen Aufgabe und gesellschaftlichen Rolle gerecht zu werden, während wir unsere Lebensstadien durchwandern. Dabei begleiten derzeit die naturbasierte Prozess-, Visionssuche- und Ritualarbeit.

Beziehung zur Geistwelt

7. Mit *Dankbarkeit* verneigen wir uns vor allem, was uns nährt und was wir nicht in der Hand haben. Damit vertrauen wir uns dem Geheimnis des Lebens auf eine bejahende Weise an, was längst von spirituellen Lehrern wiederentdeckt wurde.

8. *Erdspiritualität* geht aus uralten Fertigkeiten hervor, die uns mit der geistigen Wirklichkeit der Welt verweben. Den Kern dieser Praxis hat unter anderem der Core-Schamanismus von Michael Harner freigelegt.

Selbstverständlich liefert diese Aufstellung nur eine Skizze, der wir mehr Farbe verleihen müssen. Dafür sollten wir Spätmodernen prüfen, inwieweit uns die erläuterten Kernelemente unterstützen können, den Übergang in eine nachmoderne Erdkultur zu gestalten. Immerhin haben sich die dazugehörigen Kulturwerkzeuge nicht nur bei Indigenen bewährt, sondern ihr heutiges Potential in zeitgemäßen Weiterentwicklungen bewiesen. Letztere müssen wir nun breiter erproben und aus der gesellschaftlichen Praxis heraus vervollkommnen. Dabei steht uns der Balanceakt bevor, die ursprüngliche Kraft der Kulturwerkzeuge zu erhalten und für ihre Anschlussfähigkeit mit der Gegenwart zu sorgen. Sicher ist jedenfalls, dass folkloristische Nachahmungen von alten Völkern nicht in eine neue Erdkultur führen. Verbreiten werden sich die Werkzeuge nur, wenn sie lebenswerte Lösungen für aktuelle Bedürfnisse und Erfordernisse anbieten. In der Kulturevolution gibt es kein epochales »Zurück«, weshalb ein passendes Motto für heute lautet:

Vorwärts zur Natur!

Matthias Blaß leitet die Naturschule Wildniswandern, die Touren, Seminare und Ausbildungen in freier Natur anbietet. Seit 25 Jahren begleitet er Menschen jeden Alters dabei, auf der Erde wieder heimisch zu werden. Zahlreiche Reisen führten ihn zu indigenen Völkern und Lehrern, wodurch er intensiv mit dem Wissen alter Kulturen vertraut wurde. Daraus hat sich ein wildnispädagogischer Ansatz entwickelt, der auf hartes Survivaltraining verzichtet und vielmehr dazu einlädt, im Einklang mit der Natur zu leben. Sein Buch *Freundschaft mit der Natur* ist ein tiefgreifender Jahreskurs in Naturverbundenheit.

www.wildniswandern.de

EIN FELS ERZÄHLT

Coco Burckhardt

Ich bin ein Fels – ich war schon da – zur Geburtsstunde der Welt.

Ich sah die Ozeane schwinden und die Kontinente entstehen, schaute den Gebirgen beim Wachsen zu und den Flüssen sich ihre Wege bahnen durch das Land.

Ich freute mich am ersten Grün, den ersten Bäumen und der ersten Blume.

Hörte das erste Surren der Insekten, sah die erste Raupe sich in einen Schmetterling verwandeln, staunte über den Flug der Vögel und das weiche Fell der Tiere, die ihre schutzlosen Jungen damit wärmten.

Es war schön, dem Gedeihen der Schöpfung beizuwohnen – so viel Vielfalt, so viel Farbe, so viele Fähigkeiten, so viel Musik, so viel Schönheit.

Eines bedingte das andere, eines war des anderen Nahrung – alles hatte seinen Platz, alles seinen Sinn.

Der ewige Kreislauf von Werden und Vergehen war geschaffen.

Ich bin ein Fels – ich war schon da – zur Geburtsstunde der Welt.

Dann, nach vielen Zeitaltern, brachte die Natur ein neues Wesen hervor, anders als die Wesen zuvor. Es war zu ungewöhnlichen Dingen fähig, konnte mehr als ihr Pflanzen und ihr Tiere. Wir schauten zu, wie es begann, das Land zu durchwandern, wie es den Eiszeiten trotzte, Herr über das Feuer wurde und sich mit seinen geschickten Händen zu helfen wusste.

Nach der letzten großen Winterruhe der Welt veränderte sich das neue Wesen rasch. Vielerorts, wo das Wetter und ihr Pflanzen und ihr anderen Tiere es zuließen, wurde dieses jüngste Mitglied der Schöpfung sesshaft.

Es nannte sich Mensch, machte die Wildnis zu Gärten, vermehrte sich und begann die Zeit zu zählen.

Noch verstand es die Sprache von euch Vögeln, freute sich an eurem Flug, erkannte darin Botschaften der künftigen Tage.

Wusste das Surren und Zirpen von euch Insekten zu deuten, wie auch die Wolken und das abendliche Licht.

Es war den Sternen noch so nah wie der Erde, wie uns Steinen, euch Wassern, euch Kindern aus Flora und Faunas Reich und auch sich selbst.

Doch mit jeder gezählten Stunde entfernte es sich von seinem, von unserem Ursprung. Es vergaß, dass Blume und Baum, Fels und Fluss, Dachs und Drossel seine Geschwister sind.

Es vergaß, sich zu erfreuen am ausgelassen zwitschernden Flug von euch Schwalben, die ihr damit den sommerlichen Abend begrüßt.

Es vergaß, still zu werden, wenn es an euch Flüssen oder unter euch Bäumen saß.

Es vergaß auch, nur so viel zu nehmen, wie es zum Leben brauchte.

Dafür begann es, Hierarchien zu schaffen und stellte den einen über den anderen.

Die Erde ist groß, und nicht überall geschah diese Veränderung so zeitig.

An manchen Orten der Welt blieb der Mensch noch lange mit seinem, unserem Ursprung verbunden.

Doch dort, wo ich stehe, auf dem Teil der Erde, den er heute Europa nennt, eilte diese Veränderung am gravierendsten und schnellsten voran.

Im Vergleich zu seinen Kindertagen ward hier schon viel vergessen, aber man ehrte noch Mutter Erde und suchte ihre Nähe in den großen Wäldern.

Doch dann kam ein Stern mit Schweif und verdrängte den Mond. Aus dem Kreislauf wurde ein Diesseits und ein Jenseits, ein Gut und ein Böse.

Es war ein Glaube, wie die Welt erschaffen wurde und zusammengehalten wird, der aus den Wüstenregionen stammte, wo Mutter Erde den Menschen und euch anderen Kindern der Schöpfung nicht mit Üppigkeit und Überfluss entgegentritt.

Dort war es der Nachthimmel, der Trost spendete und der Sitz allen Ursprungs war.[1] Der neue Glaube war im Grunde voller Liebe und hätte nicht nur Vater Himmel, sondern auch Mutter Erde und alle Mitgeschöpfe gleichermaßen ehren können.

Warum die Menschen dies nicht verstanden, weiß ich nicht.

Und dann veränderte sich alles sehr rasch – unter euch Bäumen gibt es noch ein paar, die sich erinnern, wie es war.

Anstatt zu teilen, wurde geraubt, anstatt zu helfen, wurde das Leid größer, die Hierarchien stärker und ohne Sinn Leben ausgelöscht.

Das wunderbare Geschenk, das den Menschenkindern mit auf den Weg gegeben wurde, ihr Erfindergeist, ihre Schöpferkraft wurde weniger für das Leben als vielmehr für dessen Zerstörung genutzt.

Sie schürften die Schätze der Erde und wurden doch nicht reicher.

Sie dachten sich die Mitgeschöpfe und die Natur als Maschinen.[2]

Sie hatten schon lange nicht mehr darauf geachtet, ihr Seelenlied zu hören, die Melodie, nur für sie bestimmt und draußen in der Stillen der Natur zu erfahren – das Lied, das ihrer Seele Wahrhaftigkeit schenkt.

Vielleicht begannen sie deswegen schließlich auch damit, sich als Schöpfer zu verstehen und ohne Bedacht in die kleinsten Bausteine des Lebens einzugreifen.

Wir alle stehen vor einer Zeitenwende, denn dem Menschen droht der eigene Untergang durch sein rücksichts- und respektloses Verhalten.

Viele von euch Pflanzen und Tieren gibt es nur noch als Erinnerung, da eure Arten durch die Menschen ausgelöscht wurden – durch den Raub eures Lebensraums oder aus Gier nach eurem Fleisch, Fell oder Gebein.

Viele von uns Felsen und Gesteinen sind nicht mehr – wurden abgetragen zum Nutzen weniger.

Und ihr Flüsse wurdet verschmutzt und verändert in eurem Lauf.

Auch wenn so viel Schönheit und Vielfalt auf immer verloren ist, so wird sich die Schöpfung, die Natur erholen und weiter bestehen.

Ich bin ein Fels – ich war schon da – zur Geburtsstunde der Welt.

Menschenkinder, Teil der Schöpfung, Teil der Natur wacht auf – erkennt endlich wieder, wer und was ihr seid.

Ihr habt so viele Fähigkeiten, ihr habt so viele schöne Dinge geschaffen.

Eure Sprache ist der Poesie mächtig, eure Hände und euer Mund der Musik, euer Denken und euer Geschick baut Häuser aus Holz und Stein.

Ihr verändert Metalle zu Objekten der Anmut, habt von euren Mitgeschöpfen gelernt.

Was ist geschehen?

Warum wurde euer Übermut zu Respektlosigkeit und diese dann zu Dummheit?

Solch große Dummheit, dass ihr nie aus euren Fehlern gelernt habt.

Ihr habt so viel Leid über die Welt gebracht in dem Glauben der Schritt nach vorn – der Fortschritt – sei der einzige, euch vorbestimmte oder angemessene Weg.

Kehrt endlich zurück, ihr seid zu weit fort geschritten von eurem Ursprung.

Wollt nicht immer mehr, denn dies ist nie genug.[3] Hört die Worte eines klugen Mannes, der vor langer Zeit gelebt hat: »Der größte Reichtum ist die Selbstgenügsamkeit. Die schönste Frucht der Selbstgenügsamkeit ist die Freiheit.«[4]

Werdet wieder frei von den Dingen, die ihr euch selbst geschaffen habt.

Ihr nennt so vieles »praktisch«, doch was ich sehe, ist oft nur ein Kerker, in den ihr euch selbst begeben habt. Diese kleinen Apparate, die wie vieles andere von euch so laut sind, euch so unfrei machen und ablenken und dabei jedes Zwitschern eines Vogels, jedes Zirpen einer Grille, jedes Plätschern eines Baches und den Regen auf dem Laub der Bäume übertönt.

Schaut nur ein wenig zurück, wie ihr einst wart.

Geht wieder hinaus und hört die Stimmen der Natur, hört euer Innerstes, euer Seelenlied.

Geht wieder hinaus und schaut die Wunder im ersten Grün, auf weißem Schnee, im Samen des Ruprechtskrauts und in der Färbung der Herbstblätter.

Geht wieder hinaus und riecht den Duft der Walderdbeere, die Luft nach einem Sommergewitter und das salzige Wasser der Ozeane.

Geht wieder hinaus und spürt das weiche Moos unter euren Füßen, den Wind auf eurer Haut und die Regentropfen auf eurem Gesicht.

Lernt von euren Kindern, die noch staunen können und jeden Tag ein Wunder entdecken – sie reden noch mit Steinen und danken den Blumen.[5]

Lernt von den Gemeinschaften, die ihr »Indigene« nennt. Sie wissen oft noch etwas von dem Flug der Vögel, von den Wolkenbildern, von der Dankbarkeit gegenüber Mutter Erde und all unseren Mitgeschöpfen.[6]

Lernt von Menschen, die der Worte mächtig waren, die Schönheit der Natur im Inneren und Äußeren zu beschreiben.[7]

Und habt keine Angst, dass eure gewonnenen Erkenntnisse im Widerspruch zu einer belebten Welt stehen – sie können Hand in Hand gehen.

Nehmt teil am Lauf der Jahreszeiten, am Erwachen im Frühling, an der Fülle des Sommers, dem Reifen im Herbst und der Ruhe des Winters. Feiert ihre Feste und nehmt sie mit all euren Sinnen wahr.

Erkennt, dass Dankbarkeit ein großes Geschenk ist, denn sie zeigt einem, dass man geliebt wird.

Liebe Menschen kommt hinaus zu uns und seht, dass die Natur nicht nur Kulisse für euer Leben ist, sondern erkennt, dass ihr ein Teil von ihr seid, so wie die Pflanzen, Pilze, alle anderen Tiere, die Flüsse und wie ich, der Fels. Dann werdet ihr Frieden haben mit der Natur und mit euch selbst... Und vielleicht werdet ihr dann noch ein wenig weiter bestehen.

Ich bin ein Fels – ich war schon da – zur Geburtsstunde der Welt.

Anmerkungen:

(1) Ein sehr gutes Buch mit Beiträgen diverser Theologen und Religionswissenschaftler über den Einfluss der Christianisierung auf das Naturverständnis in Mitteleuropa: Hunold, Gerfried (Hrsg.): *Ökologische Theologie und Ethik* – 1999

(2) Der Fels bezieht sich auf den Mechanizismus, das mechanische Weltbild, das sich in der frühen Aufklärung begründet hat, bekanntester Vertreter Descartes.

(3) *Immer mehr ist nicht genug – Eine kurze Geschichte der Ökonomie der Maßlosigkeit* von Bernhard Ungericht ist der Titel eines sehr guten Buches über die Geschichte unseres kapitalistischen Wirtschaftssystems seit der Antike.

(4) Zitat von Epikur von Samos (341–271 v. Chr.)

(5) Ein Buch, das nach den heutigen Ansprüchen einer Argumentation, sprich jede Menge wissenschaftliche Studien klar herausarbeitet, wie die Natur auf allen Ebenen der kindlichen und erwachsenen Entwicklung eine extrem positive Wirkung hat: Raith Andreas, Lude Armin: *Startkapital Natur – wie Naturerfahrung die kindliche Entwicklung fördert.*

(6) Sehr empfehlenswertes Essay mit dem Titel *Indigenialität* dazu von dem Philosophen Andreas Weber, erschienen Nicolai Verlag

(7) Henry David Thoreau wird als einer der größten amerikanischen Schriftsteller bezeichnet. Diesen Titel trägt er meiner Meinung nach etwas unverdient. Für mich ist er ein Mystiker, liest man seine Essays, seine Tagebücher so kann man einen tiefen Einblick in die Schönheit der inneren und der äußeren Natur bekommen.

Noch ein paar Liebeserklärungen an:
den Ruf der Käuzchen – das Taubenschwänzchen – die Glöckchen der Stieglitze – den Zug der Kraniche – das Samtschnäuzchen einer Ziege – das Wachsen eines Baumes – der Duft eines Apfels – die Blütenverfärbung der Frühlingsplatterbse und des Lungenkrauts – das Auskringeln eines Farnblatts – die Fülle einer Brombeerböschung – das Blau der Wegwarte – das Violet der Flockenblume – das

Leuchten der Mohnblüte – den Samen des Löwenzahns – das Flüstern der Pappeln – das weiße Licht der Bretagne – die Form einer Schneeflocke – frostumhülltes Gebüsch – das junge Grün der Laubbäume – den Duft der Lindenblüten – das Wiedererwachen der Vogelstimmen nach einem Gewitter – die harzige Luft in einem sommerlichen Kiefernwald – Schritte durch Herbstlaub – den goldenen Regen der Lärchennadeln – die Silhouette der Gräser gegen den Abendhimmel – die Dämmerung – den Blütenduft der Nachtfalterpflanzen in der Dunkelheit – die Stille der Nacht – den Geruch der Erde

Coco Burckhardt lebt auf einem Selbstversorgerhof in der Bretagne. Sie ist eine deutschsprachige Autorin und Seminarleiterin für Wildpflanzen- und Pflanzenvolkskunde mit langjähriger Erfahrung in der Wald- Naturpädagogik. Mit ihrer Arbeit möchte sie den Menschen helfen das Wunder der Natur zu erkennen, eine tiefe Verbundenheit zu ihr zu spüren und wieder aufzubauen - der Mensch als Teil der Schöpfung und nicht über sie erhaben. Mit ihrem letzten Buch *Pflanzenbrauch im Jahreslauf – Mit Baum und Kraut im Reigen der Jahreskreisfeste spielen, heilen und genießen* begleitet sie die Menschen durch das Jahr.

www.waldundwiesenwonne.de

Von Verwaltern des Lebens zu Lebensaktivisten

Fabiana Fondevila

Übersetzung: Laura Spies

Ich dachte, ich kenne Moos. Ich dachte, ich wüsste, wie eine Kletterpflanze aussieht. Ich dachte, ich könnte genügend Schattierungen der Farbe Grün benennen. Ich lernte, dass mein Wissen beschränkt war, als ich in Costa Rica landete; dem Land der aktiven Vulkane, der Brüllaffen und der Möglichkeit, die Sonne in der Karibik zu begrüßen und sie am Pazifik zu verabschieden, alles an einem einzigen Tag.

Ich war bereit, mich überraschen zu lassen. Ich wusste, dass dieses mittelamerikanische Land fünf Prozent der weltweiten Artenvielfalt beherbergt, und dass das, was ich dort finden würde, meine Naturerfahrung bereichern würde.

Aber nichts hätte mich auf das vorbereiten können, was ich vorfand: Im Dschungel wächst Moos auf Moos, Lianen hängen an Lianen, und wo ein Tropfen Wasser auf einen Zentimeter Erde trifft, explodiert das Leben.

Jeden Morgen wurde ich von lebhaften Gesprächen zwischen unzähligen Vögeln, Fröschen und Insekten begrüßt, eine Geräuschkulisse, die so dicht war, dass man sie beinahe sehen konnte. Aus allen Richtungen ertönte ein ständiger Austausch von Glocken, Sirenen, Windspielen, Gurrgeräuschen und einer Spule, die in regelmäßigen Abständen zusammengedrückt und wieder losgelassen wird.

Wenn man die unbefestigten Straßen von Guanacaste entlangging, dauerte es nicht lange, bis man dem Baum begegnete, der der Stadt ihren Namen verleiht: Dieser sanfte Baumriese mit Blättern, die wie das Haar eines Mädchens aussahen, schien sich von dem Treiben ringsum nicht stören zu lassen. In seinen Ästen wimmelte es fast immer vor Affen in Aufruhr.

Als ich zwischen den Farnen und den tropfenden Blättern stand, begriff ich, warum ich mich immer nach dieser besonderen Landschaft gesehnt hatte: Ich hatte mich noch nie so lebendig gefühlt.

Natürlich hatte ich Lebendigkeit in milderen Formen der Natur bereits widerspiegelt erlebt. Ich habe gesehen, wie Bäume monatelang schliefen wie Bären im Winterschlaf, um dann beim ersten Anflug von Wärme wieder zum Leben zu erwachen.

Ich habe in meinem bescheidenen Vorstadthinterhof gestaunt, als die ersten Frühlingsknospen die noch kahlen Äste krönten und langen Nächten und eisigen Morgengrauen trotzten, um ihre Gaben zur Entfaltung zu bringen.

Ich war Zeuge, wie ein robustes Beet mit Brennnesseln Jahr für Jahr meine angebauten Pflanzen überwältigte (bis sie meine bevorzugte Nutzpflanze wurden).

Wenn ich die Tür zum Garten öffnete, spürte ich, wie die kühle Morgenluft meine Lunge mit Lebensformen füllt, die zu klein sind, um sie zu sehen.

Häufig habe ich gespürt, wie meine Angst in den Boden gesickert ist, als ich mit von mir gestreckten Beinen im Gras lag, meine Augen in den Wolken versunken.

Um genau zu sein, hatte der Dschungel die Lautstärke eines inneren Dialogs erhöht, den ich schon mein ganzes Leben lang führe.

Worum ging es in diesem Dialog?

Es ist eine Begegnung mit den wilden Kräften, die in uns leben, unter der Fassade der zivilisierten Höflichkeit: unser unerschütterlicher Wunsch zu sprießen, auch gegen übermächtige Herausforderungen, feindliche Umgebungen, schlechte Chancen. Unsere Fähigkeit, auszuharren und sogar unter der Erde zu wachsen, bis die richtige Person, die erste ehrliche Einladung, kommt, um uns zu helfen, unsere

Blütenblätter zu öffnen und der Sonne entgegenzustrahlen. Unsere undomestizierte Nesselschönheit mit ihrem smaragdgrünen Schimmer und ihrem Stachel.

Unsere Vorfahren nahmen direkt an diesem Dialog teil, indem sie zu den Berggeistern beteten, den Flüssen Opfergaben darbrachten und zu Füßen der heiligen Bäume beteten.

Wie kommt es, dass wir den Kontakt zu dieser uralten Quelle der Nahrung verloren haben?

Im Laufe der Geschichte wurde unsere Verbundenheit mit der Natur immer wieder auf die Probe gestellt: Das Zeitalter der Aufklärung (mit seiner Inthronisierung der Vernunft), das Aufkommen monotheistischer Religionen, die Industrialisierung und unsere wachsende Faszination für die Technik führten uns weit von unseren Wurzeln weg und überzeugten uns erst davon, dass wir getrennt, autonom und überlegen sind, und schließlich davon, dass wir die einzige bewusste, empfindungsfähige, voll lebendige Spezies auf diesem Planeten sind.

Der nicht-menschlichen Welt wurde das Leben nur auf die primitivste, unbedeutendste und unterwürfigste Weise zugestanden. Pflanzen und Tiere wurden zu bloßen Ressourcen, die nach Belieben angebaut, geerntet, domestiziert und ausgebeutet werden konnten.

Wir beginnen erst jetzt, den Preis zu entdecken, den wir für den Verlust unserer engen Verbindung zur Natur zahlen mussten. Unser einziges Zuhause und all seine Lebewesen sind dadurch in großer Gefahr, und wir sind von der Quelle unserer Lebenskraft und Zugehörigkeit abgeschnitten. Infolgedessen erleben wir ein pandemisches Ausmaß an Angst, Einsamkeit und Abgesondertheit.

Zum Glück wendet sich das Blatt.

Kosmologen, Biologen, Psychologen und Philosophen beginnen, eine andere Geschichte zu erzählen, eine, die indigene Kulturen und Weisheitstraditionen seit Jahrtausenden teilen: Das Universum ist in seiner Gesamtheit lebendig und bewusst, und wir können nur in Beziehung zu der nicht-menschlichen Welt, von der wir ein Teil sind, voll am Leben sein.

Und nicht nur das: Wir leben in einem sich ständig weiterent-
wickelnden Makrokosmos, der sich in unserem inneren Mikrokos-
mos widerspiegelt. Jeden Augenblick sind wir aufgerufen, sterben zu
lassen, was vorher war, um zu entdecken, was in uns geboren werden will, und zwar im Einklang mit dem Leben, das uns umgibt und
das gleiche tut.

Es liegt Magie und Zauber in der Wiederaufnahme dieses alten
Dialogs.

Vor einem halben Jahrhundert prägte der deutsche Psychoanalytiker
und Philosoph Erich Fromm das Wort »Biophilie«, um unsere ange-
borene Liebe zu allen Lebewesen zu bezeichnen. In jüngerer Zeit lud
uns die Disziplin der Biomimikry* dazu ein, die Wege der Natur zu
imitieren, um menschliche Probleme zu lösen und lebensfreundliche
Bedingungen zu schaffen.

Vielleicht könnten wir das nächste Kapitel in unserer sich entwickelnden Geschichte »Biopraxis« nennen – von »bio« (Leben) und
»praxis« (Aktion) – als Einladung zum Übergang von Verwaltern des
Lebens und der Natur zu vollwertigen Lebensaktivisten, die nach
Möglichkeiten suchen, das Leben in all seinen Ausdrucksformen zu
nähren und zu stärken, wo immer wir es finden. Natürlich auch in uns
selbst!

Hier sind einige Fragen, die uns den Weg weisen könnten:

- Was ist hier lebendig, und wie kann ich es am besten unterstüt-
  zen?
- Welches Handeln ist in dieser Situation belebend, für mich selbst
  oder für andere?
- Was verlangt das Leben in dieser Zeit von mir, um in Ordnung,
  Komplexität und Harmonie zu wachsen?
- Was möchte in meinen Beziehungen und in jedem Bereich mei-
  nes Lebens zum Vorschein kommen?

---

* Der Begriff »Biomimikry« setzt sich aus »Bio« (Leben) und »Mimikry« (Nach-
ahmung) zusammen und beschreibt den Prozess des Lernens von der Natur.

- Was möchte durch unsere gemeinsamen Bemühungen entstehen, um eine neue Art von Gemeinschaft zu schaffen?
- Wie können wir unsere Geschichten der Hoffnungslosigkeit in Geschichten der Möglichkeit verwandeln, so wie ein Fluss Steine aus seinem Weg räumt?

Auf solche Fragen gibt es vielleicht keine sofortigen Antworten, aber sie werden uns in Richtung Wachstum lenken und lebenswichtige Emotionen wie Freude, Staunen, Mut und Inspiration auslösen.

Der Weg nach vorn ist kein Weg zurück. Wir werden vielleicht nie wieder mit den Berggeistern kommunizieren oder Opfergaben in heiligen Hainen hinterlassen (obwohl unser Geist durch solche Praktiken der Schönheit nur wachsen kann). Aber egal, wo wir leben – in der üppigen Wildnis des Dschungels oder auf einer belebten Straße in der Stadt – wir können uns selbst zu Lebensaktivisten erheben und unsere eigene Agenda festlegen: die Brennnessel in unseren Gärten wuchern lassen, die Vögel füttern, die an unser Fenster kommen, uns mit dem Obdachlosen in unserem Viertel anfreunden, unsere wilden Stimmen hören lassen.

»Es gibt eine Kraft in dir, die dir Leben gibt«, sagte Rumi. »Suche sie.«

Lasst sie uns suchen, lasst sie uns nähren, lasst sie uns sein.

 Fabiana Fondevila ist Autorin, Journalistin, Geschichtenerzählerin, Ritualgestalterin, Aktivistin und Lehrerin aus Buenos Aires, Argentinien. Ihre Seminare verweben Naturerforschung, Traumarbeit, mythisches Bewusstsein, archetypische Psychologie, Sozialarbeit und Arbeit mit Emotionen um Ehrfurcht, Dankbarkeit und Verzauberung zu wecken. Ihr neuestes Buch ist *Wo das Wunderbare wohnt*.

www.fabianafondevila.com

BÄUME ALS FREUNDE
UND HELFER

Jenny Garrison

Übersetzung: Laura Spies

Die Bäume dieser Welt schmiegen sich mit ihren Wurzeln in die Erde, während sie ihre Wirbelsäule und ihre Arme gen Himmel strecken. Sie stehen zwischen Himmel und Erde und reichen in beide hinein. Sie sind Quellen der Kraft, der Weisheit, des Trostes, der Schönheit, der Nahrung, des Genusses und der Ruhe.

Meine eigenen Entdeckungen, seit ich *Yoga mit Bäumen* geschrieben habe, haben mir viele Lektionen offenbart, die von den Bäumen ausgehen. Eine dieser Lektionen ist, dass die Beziehung zwischen Mensch und Baum noch tiefer werden kann, wenn man den Bäumen einfach das von Herzen kommende Geschenk der Anerkennung macht, von einem Wesen zum anderen, von Mensch zu Baumwesen.

Eine andere Entdeckung ist, dass die Freundschaft mit Bäumen die Form einer spirituellen Freundschaft annehmen kann.

Ich möchte ein paar persönliche Geschichten erzählen. Sie berichten von sehr realen Begebenheiten, bei denen die Bäume mir geholfen haben, Frieden zu finden.

Letzten Sommer war ich eingeladen, eine Frauenfreizeit in einem wunderschönen Freizeitzentrum zu leiten, dessen Gelände mit vielen Bäumen geziert war. Ich hatte mich gut auf das Wochenende vorbereitet, nahm mir aber eine private Zeit der Zentrierung, um mich zu sammeln, bevor die Teilnehmerinnen eintrafen. Mein Telefon klingelte.

Mein einziger Bruder war in einem Zustand großen emotionalen Leidens und erzählte von seinem langjährigen Kampf mit Süchten und
deren Auswirkungen. Ich fühlte mich so hilflos. Ich war physisch weit
von ihm entfernt und hatte keine Ahnung, wie ich ihm am besten helfen konnte. Dieser Aufruhr war Teil eines langjährigen Musters, das
einen sehr beängstigenden Eskalationspunkt erreicht hatte.

Die Anreise sollte in wenigen Stunden beginnen, und ich würde
dafür verantwortlich sein, diese Gruppe von Frauen in eine tiefere
Beziehung zu den Bäumen, der Natur und ihrem spirituellen Kern
zu führen. Ich fühlte mich hilflos und ängstlich in einer Zeit, in der
ich mich ruhig und zentriert fühlen sollte.

Ich kniete also unter einem schönen, starken Zedernbaum nieder.
Ich begann, die Gefühle in meinem Herzen mit dem Baum zu teilen.
Meine Aufmerksamkeit wurde stark von den Wurzeln des Baumes
angezogen. Ich wurde mir bewusst, dass die Wurzeln dieses Baumes
den Boden mit anderen Wurzeln anderer Bäume teilten, und wie alle
Wurzeln die Bäume der Erde verbanden. Ich ließ meinen Geist durch
die Wurzeln zu meinem Bruder vordringen und sagte dem Zedernbaum, dass er Hilfe brauche. Ich schüttete meine Gefühle vor dem
Baum aus. Ich wandte mich im Gebet an den Großen Geist und über-
gab ihm mein Gebet für die Heilung meines Bruders.

Die Art von Krisenmuster, die mein Bruder erlebte, ist bei Drogen-
abhängigkeit nicht ungewöhnlich, und der Aufruhr beruhigte sich
schließlich, auch wenn mein Bruder immer noch dringend der Heilung bedurfte. Kurz vor Beginn des Retreats war ich in der Lage, mich
zu beruhigen und eine starke, klare Leiterin für meine Teilnehmerinnen zu sein. Dies gelang mir mit der Hilfe dieses Zedernbaums.

Ein halbes Jahr später, im tiefen Winter, plante ich ein Rückzugs-
wochenende für mich selbst. Ich befand mich in den Bergen im Seen-
land in einem beliebten Zentrum. Unser Workshopleiter hatte uns
vorgeschlagen, mit dem Wort »Vertrauen« zu arbeiten, mit seiner
Bedeutung und mit seiner Auswirkung auf unser Leben. Ich hatte
während des gesamten Workshops aus dem Fenster geschaut und

fühlte mich zu einem schönen, alten, reifen Baum auf dem Gelände des Zentrums hingezogen. Der Name unseres Workshop-Klassenzimmers war »Elmview« (dt.: Ulmenblick). War es möglich, dass der riesige Baum, der mein Herz von außerhalb des Fensters ansprach, eine Ulme war? Ich versprach mir selbst, mich unter diesen Baum zu setzen und über Vertrauen zu meditieren, wie unser Leiter vorgeschlagen hatte.

Es dämmerte schon. Ich ging hinaus und fand einen perfekten Platz unter den Wurzeln der großen alten Ulme. (Ja! Es *war* eine Ulme!) Sie hatte drei Hauptstämme. Ich versuchte, an »Vertrauen« zu denken. Aber was mir stattdessen immer wieder einfiel, war eine Frage, der ich aus dem Weg gegangen war. Diese Frage lautete: »Was ist Erfolg?« Diese Frage war mir in den ersten Tagen des neuen Jahres auf einem Tageskalender vorgelegt worden. Die Frage selbst ärgerte mich. Doch ich wusste, dass sie mich aus einem bestimmten Grund ärgerte! Die Frage »Was ist Erfolg?« war aus einem bestimmten Grund aufgetaucht, und ich würde mich erst dann anderen Themen zuwenden können, wenn ich ihr etwas Raum und Aufmerksamkeit schenkte.

Als ich also unter der Ulme saß, beschloss ich, mir die Vertrauensfrage für später aufzuheben, während ich meine wichtigste Frage mit dem Baum teilte. »Was ist Erfolg?« Ich hörte die Antwort der Ulme: »Erfolg ist Überleben.« Ich war überwältigt. Die Antwort kam mir wie ein Flüstern in den Sinn. Sie war eine völlige Überraschung. Ich spürte sofort ein Gefühl der Leichtigkeit in meinem Körper und der Freiheit in meinem Geist.

Vor vielen Jahren erlitt der Ulmenbestand in den Vereinigten Staaten einen schweren Schlag, als die Holländische Ulmenkrankheit die meisten Ulmen ausrottete. Die Tatsache, dass dieser alte Baum überlebt hatte, bestätigte die Antwort, die er mir gab: »Erfolg ist Überleben.« Irgendwie war diese Antwort einfach so perfekt. Sie ließ den ganzen Druck verschwinden, den ich in Bezug auf die Art und Weise, wie Erfolg gemessen wird, empfunden hatte. Sie brachte mich zu einer ursprünglichen Beziehung zum Leben zurück. Sie senkte die Erwartungen an einen Ort einzigartiger und exquisiter Freiheit und des Friedens, an dem ich das Gefühl hatte, dass es mir im Leben gut ging.

Ein paar Monate später besuchte mein Bruder unser Haus. Er war immer noch nicht in bester Verfassung, aber es ging ihm besser, und ich wollte ihn auf keinen Fall aufgeben. Eines Morgens, als er uns besuchte, erzählte ich ihm die Geschichte von der Ulme und die Botschaft, die sie mir gab. Ich spürte, dass er wirklich zuhörte. Er lächelte. Er hob seine Hand für ein High Five. Ein paar Tage später, als er sich auf die Heimreise vorbereitete, teilte er mir mit:»Weißt du noch die Geschichte, die du mir erzählt hast, von der Ulme? Ich habe der Botschaft ein Wort hinzugefügt: ›Erfolg ist die Freude am Überleben.‹« Ich bin sehr bescheiden und freue mich, dass es meinem Bruder gut geht. Wo war der Wendepunkt? Hatten die Bäume damit zu tun? Ich glaube, sie waren es. Ich weiß, dass mein Gefühl des Friedens jetzt so viel größer ist. Ich nehme dieses Geschenk der Bäume mit tiefster Dankbarkeit an.

Bäume können uns beistehen. Sie sind Wächter der Natur und doch verfügbar, um uns die Weisheit zu lehren, die wir vielleicht vergessen haben; die Weisheit, die in unserer Seele verweilt. Wenn du zu ihnen gehst (Sie können nicht zu dir kommen! Du als gehender Mensch musst zu ihnen gehen!), kannst du ihnen deine Gedanken, Gefühle und Fragen mitteilen. Du kannst mit leeren Händen zu ihnen gehen, bereit, alles zu empfangen, was sie dir schweigend geben. Du kannst zu ihnen kommen, wie du zu einem anderen Wesen kommen würdest, im Geiste der Freundschaft, indem du dein Sein mit dem ihren verbindest.

Ein weiteres Beispiel dafür, dass man die Gefühle des Herzens mit Bäumen teilen kann, ist eine Geschichte, die mir eine liebe Freundin über eine sehr traurige Zeit in ihrem Leben erzählt hat. Meine Freundin ging spazieren, nachdem sie die Nachricht erhalten hatte, dass ihr Partner in seinem Kampf gegen den Krebs einen Punkt erreicht hatte, an dem die Medizin nichts mehr tun konnte. Sie erzählte mir, dass sie beim Spazierengehen weinte und die Bäume zu ihr sprachen, als ihre Äste und Blätter leise flatterten. Sie »hörte« sie in ihrem Herzen. Sie sagten: »Wir wissen.« Sie trösteten sie so sicher, als ob sie ihre Äste in einer liebevollen Umarmung um sie geschlungen hätten.

Bäume helfen uns, uns weniger allein zu fühlen. Die Natur richtet sich an unsere Einsamkeit und bietet sich selbst an. Oft ist es notwendig, in die Natur zu gehen, damit wir uns an das erinnern können, was unsere Seele weiß, aber unser bewusster Verstand vergessen oder nie kennengelernt hat, und damit wir uns rückerinnern. Die Natur beeinflusst uns, wenn wir ihr mit achtsamer Präsenz begegnen und Intimität zulassen. Sie ist ein irdischer Bote aus dem Reich des Geistes. Sie hat unserem Herzen Botschaften mitzuteilen… Botschaften, die wir brauchen, Botschaften, die direkt zu unserer Seele sprechen, Botschaften, die uns Frieden bringen.

Die Natur urteilt nicht. Sie nimmt uns so an, wie wir sind. Es ist, als ob sie sich zu dir lehnt und dir zuflüstert: »Du bist in Ordnung, so wie du bist. Ich verurteile dich nicht. Du bist Teil der Schöpfung. Du bist schön, so wie du bist, und ich bin es auch.«

Ganz gleich, wie du dich fühlst, die Natur bietet sich dir an. Die Bäume stehen als Mitwesen da, die dich annehmen und willkommen heißen, so wie du bist. Wenn du von ihnen weggehst, werden Frieden und Heilung, die sie anbieten, an dir haften bleiben.

Jenny Garrison ist die Autorin von *Yoga mit Bäumen* und *Innere Bilder*. Sie ist Krankenschwester und Kripalu-Yoga-Lehrerin, die seit 1991 von Stephen Gallegos sowie durch das International Institute for Visualization Research und die Academy for Guided Imagery in der Tiefenimagination ausgebildet wurde. Sie lebt und arbeitet im nördlichen Pennsylvania. Sie steht als Beraterin für innere Bilder, Workshop-Leiterin und Dozentin zur Verfügung.

https://jennygarrison.com

ARTENVIELFALT UND VERZAUBERUNG

Eine persönliche Reise der Wandlung

Fred Hageneder

Mein ganzes Leben lang habe ich auf einem schwindenden Planeten gelebt. In den 1960er- und 1970er-Jahren wuchs ich in einem Vorort auf, in dem das größte wilde Tier, das ich je sah, ein Igel war. Bei meinen täglichen Erkundungen der Natur im Garten meiner Eltern konzentrierte ich mich zwangsläufig auf Insekten, aber selbst die waren rar. Meine einzigen Eindrücke von Artenvielfalt erhielt ich, wenn wir mit der Familie auf der Autobahn reisten. Nach etwa hundert Kilometern verschlug mir der Insektenfriedhof an der Windschutzscheibe den Atem: unzählige verschiedene Formen und Größen. Damals musste man tatsächlich alle paar Hundert Kilometer anhalten, um an einer Tankstelle die Windschutzscheibe freizuschrubben. Dieses Phänomen ist heute als »Windschutzscheibenphänomen« bekannt, und viele Menschen haben festgestellt, dass es in ganz (West-)Europa verschwunden ist.

Die meiste Zeit meines Erwachsenenlebens habe ich dann in England und Wales auf dem Land gelebt, was eine deutliche Verbesserung gegenüber der Umgebung meiner Kindheit darstellte. Man begegnete Füchsen, Dachsen, Eulen, Raben, Milanen, Fröschen und alle paar Jahre sogar einer Blindschleiche. Aber im Jahr 2022 zwang uns die Wohnraumkrise, Britannien zu verlassen und wir wagten einen kreativen Schritt: Wir zogen nach Kerkyra (Korfu)!

Angesichts der beginnenden Ära schwindender Energie- und Lebensmittelsicherheit ergab es einfach Sinn, aus einem Lebensmittel importierenden nördlichen Land dorthin zu ziehen, wo die (Sonnen-)Energie und die Lebensmittel auf natürliche Weise zu Hause sind (trotz Bedenken bezüglich der globalen Erhitzung). Und vor allem, ein viel einfacheres Leben zu führen. Wir fanden ein Haus mit Regenwassersammlung und Sonnenkollektoren. (Ja, ich habe selbst über die Probleme mit Lithium usw. geschrieben,[1] aber wer ein Haus im Mittelmeerraum mit Solaranlage hat, baut ja nicht wieder eine Ölheizung ein.)

Kerkyra (»Tochter der Herrin«, von griech. *core* und *kyria*) ist die nördlichste der griechischen Inseln, etwa 650 Flugkilometer nordwestlich von Athen. Während der größte Teil Griechenlands eher trocken ist, fallen auf Kerkyra immer noch 1000 mm Niederschlag pro Jahr (vor einem halben Jahrhundert waren es noch 1300 mm),[2] ein Viertel mehr als auf die Regenstadt Hamburg (vor den Dürrejahren ab 2019). Und der meiste Regen fällt praktischerweise für uns Menschen im Winter und in der Nacht.

Von allen Mittelmeerinseln ist Kerkyra die waldreichste – vorwiegend dank der Venezianer, die hier fünf Jahrhunderte lang herrschten und der Insel über drei Millionen Olivenbäume hinterließen. Heute stehen die Olivenbäume unter Naturschutz, und die meisten sind Jahrhunderte alt. Sie bilden endlose Haine, die von statuesken, in einigen Fällen gar majestätischen Zypressen durchsetzt sind. Wir erfreuen uns außerdem an der Kermeseiche (*Quercus coccifera*), dem Judasbaum (*Cercis siliquastrum*), der Myrte, dem Wacholder, der Ulme, der Schirm-Kiefer, dem Erdbeerbaum (*Arbutus*) und an dem, was die Menschen so anpflanzen: Zitrusbäume, Feigen, Granatäpfel, Pfirsiche, Kirschen, Walnüsse, Mandeln...

Wie sich herausstellte, war die Ankunft im Herbst ein sanfter Weg, um die lokale Flora und Fauna kennenzulernen – und Artenvielfalt erstmal direkt zu *erleben*. Der große Rosmarinstrauch wurde den ganzen Winter über von einer Vielzahl von Bienenarten besucht, während die Gottesanbeterin und viele bunte Käfer und bunte (!) Spinnen

ebenso aktiv blieben wie Geckos und Eidechsen. Einmal im Oktober
wurden wir von einer wilden Schildkröte besucht. Bis Januar blühten
jeden Monat neue Pflanzen, und fast jeden Tag (nicht nur alle zwei
Wochen oder einmal im Monat wie in Großbritannien oder Nord-
deutschland) sieht man einen oder zwei Schmetterlinge. Und Kerkyra hat 300 Sonnentage im Jahr, so dass der Winter keine ausschließlich dunkle Erfahrung mehr ist.

Ab März wird es wieder wärmer, und der Frühling beginnt, sich
langsam, aber früh zu entfalten. Singvögel erscheinen auf ihrem Zug
nach Norden, aber sie sind scheu und bleiben in der Ferne, wahrscheinlich traumatisiert von den schrecklichen Fallen des millionen-
fachen Vogelmords in Ägypten und Libyen.[3] Im April tragen die
Judasbäume ihre rosafarbenen Blüten, so dass wir knallrosafarbene
Bäume inmitten der silbergrünen Olivenhaine haben.

Nach dieser Vorbereitung begannen die wahren Schockwellen der
Schönheit, uns zu erreichen.

Es gibt ein paar Abende im Mai, an denen Glühwürmchen nicht
nur unseren Garten, sondern ganze Wiesen und Hänge bedecken.
Man steht staunend da, der eigene Körper summt angenehm in der
warmen, sanften, belebten Nachtluft, die Augen tränen vor lauter
Schönheit, wenn zahllose kleine leuchtende Wesen ihren Lebensauf-
gaben nachgehen. Erdbewohner, die schon lange vor uns hier waren
und eine uralte Weisheit verkörpern, die uns Menschen vor langer
Zeit verlorenging: wie man in Harmonie mit seinem Ökosystem lebt.

Du siehst ihnen zu und wirst wie ein Kind, überall um dich herum
eine neue Welt entdeckend. Myriaden von Details, *lebendige* Details,
alle quietschlebendig. Tanzende Lichter, die an- und ausgehen, an-
und aus. Oben funkeln die Sterne am Nachthimmel, die weitere
Wunder ahnen lassen.

Aber selbst das hat mich nicht auf die Schmetterlinge vorbereitet. Insgesamt gibt es auf Kerkyra 58 verschiedene Arten. Ende Mai
und Anfang Juni führt unser Gartenweg zu den Obstbäumen durch
zwei Flecken mit hohen Skabiosen, die uns gesund und froh über den
Kopf hinauswachsen. Ihre kleinen Blüten werden von vielen Bienen

und kleinen Käfern besucht, sowie von etwa 20 bis 30 Exemplaren des Kleinen Feuerfalters (*Coenonympha pamphilus*). Wir möchten den Frieden und die Ruhe all dieser Insekten ehren, indem wir sie nicht stören, aber manchmal muss man einfach durch diese paradiesischen Flecken gehen, weil es der einzige Weg zum hinteren Teil des Gartens ist. Die Bienen summen seitlich weg, die Käfer verschwinden lautlos, aber die Schmetterlinge erheben sich und umflattern einen. Für eine Reihe unglaublicher Momente ist man umgeben von einer Wolke farbiger Flatterwesen. Einer Wolke! Und das hat sich als wirklich verwandelnd erwiesen.

Ich glaube, jede/r hat schon einmal beobachtet, wie ein einzelner Schmetterling oder auch ein Paar unsere Stimmung unmittelbar heben und unsere Sorgen vertreiben können. Man kommt im Moment an und der Moment ist perfekt. Sie können dich zu einem Teil der Schönheit der Natur machen! Doch wenn es mehr als 10 oder 15 Schmetterlinge sind, die um den Kopf flattern, passiert noch ganz etwas anderes. Die innere Befreiung, die durch so viel Licht hervorgerufen wird, dringt tief in die Psyche ein und reinigt sie von alten Wunden und Schatten. Und in deinem plötzlich leeren Geist mag eine Frage tief aus deinem Inneren auftauchen: *Wer bin ich, dass ich dieses Paradies verdient habe?*

Habe ich es verdient? *Bin* ich gut genug? Was ist mit all den empfindungsfähigen Wesen, die sich gerade in einer lebenden Hölle befinden? Und immer wieder: Habe ich das Glück verdient? Kann ich Glück *ertragen*?

* * *

»Frieden mit der Natur« war nie das Problem für mich. Ich litt eher unter *Abwesenheit* von Natur, weil ganz Europa eine uralte Kulturlandschaft ist, in der seit langem kaum ein Ort mehr vom Menschen unberührt und unverändert geblieben ist. Das Thema für mich ist eher,»Frieden mit der Menschheit« zu finden. Nicht unserer Spezies an sich, denn viele Ausdrucksformen des Menschseins und des Menschlichen liebe ich sehr, da ist sehr viel Schönheit, Anmut und

Würde. Auch brauche ich meinesgleichen, meine eigene Art. Für wen schreibe ich dies? Bäume und Geckos lesen nicht. Ich hadere also mit unserer gegenwärtigen Form von Zivilisation, dem materialistischen Wahn, eigene Vorteile und Reichtum auf Kosten anderer zu suchen, der so weit geht, letztendlich den gesamten lebendigen Planeten durch den Fleischwolf zu drehen, um alles Lebendige und alles Nicht-Lebendige (»Ressourcen«) zu Produkten und zu Geld zu machen. Die Produkte landen über kurz oder lang auf Müllhalden, von wo ihre toxischen Bestandteile die Erde und die Wasserkreisläufe verseuchen. Und die Reichtümer werden die Verseuchung der Lebenswelt nicht überdauern.

Die Euphemismen für die große Zerstörung heißen »Wohlstand« und »Wirtschaftswachstum«. *Doch es kann kein unbegrenztes Wachstum auf einem begrenzten Planeten geben.* Die planetarischen Grenzen sind ausgereizt: Süßwasservergeudung, Bodenabtötung, Entwaldung, Lebensraumverlust, Biodiversitätsverlust, Versauerung der Meere – sie alle sind bis an ihre absoluten Toleranzgrenzen getrieben worden. *Das alles mit »grüner« Energie bloß weiterzufahren, wird nichts ändern.*

Was fehlt, ist ein Umdenken, ein neues Wertesystem, das nicht mehr den Menschen isoliert in den (einsamen) Mittelpunkt stellt, sondern dem Netz des Lebens den höchsten Wert zuschreibt (Ökozentrik). Der Mensch ist ein Teil davon, nicht mehr und nicht weniger.

Aber wie geht man nun als Einzelner damit um? Wir sollten erstmal den Begriff »Natur« klären, denn da besteht eine heillose Verwirrung. Die Frage ist, wie der Mensch so dermaßen zerstörerisch neben die Spur geraten kann, wenn er doch selbst »Natur« ist. Wie passt das zusammen?

Ja, das Zerstörerische, auch die Selbstzerstörung, sind Teile des Menschen, der inneren »Natur« des Menschen. Nennen wir sie die »kosmische Natur«: die Dinge, wie sie eben sind. Die Psyche des Menschen ist, wie sie ist. Die Galaxien und Himmelskörper sind, wie sie sind; sie folgen den Gesetzen der Physik, wie auch alles auf der Erde. Der Mensch kann die kosmische Natur nicht ändern oder gar zerstören.

Aber innerhalb der kosmischen Natur gibt es einen einzigen Planeten, auf dem biologisches Leben entstand und sich zu einem planetarischen Netz von Ökosystemen entfaltet hat. Der Mensch wurde hier geboren, er ist Teil auch dieser »Natur«. Es ist nicht die grüne Parklandschaft, die die meisten Menschen als Natur bezeichnen, wenn sie mal wieder raus aus der Stadt wollen. Es ist die Natur des Lebensnetzes, nennen wir sie die »Gaia-Natur«. Der Mensch ist Teil von Gaia, hat aber schon vor Jahrtausenden begonnen, sich mental zu entkoppeln. Aus *dieser* Natur kann er herausfallen. *Diese* Natur – und damit sich selbst – kann er zerstören. Und tut es auch.

Wir sind alle gezwungen, dieser Zerstörung zuzusehen. Die meisten Menschen wählen jedoch das Wegsehen: Entertainment, Sport, Computerspiele. Viele spirituelle Menschen trösten sich damit, dass die kosmische Natur (und die eigene Erleuchtung) wichtiger sei als die irdische, und hoffen auf eine Art Himmel in der Zukunft – eine Ausfluchtmöglichkeit, wie sie von den Religionen schon immer angeboten wurde. Auch die spirituelle Ausdeutung der Quantenphysik bringt vielen Hoffnung, schließlich ist unsere Wahrnehmung von Materie eine atomare Illusion, und höhere Dimensionen und parallele Universen würden auf uns warten. Wirklich?

Diesen Gläubigen möchte ich sagen: »Gott hat dich jetzt in *diese* Welt gesetzt. Wenn du dich einen Dreck um sie kümmerst, wie willst du dann erwarten, dass ›er‹ dich überhaupt für würdig befinden wird, weitere Welten zu bewohnen? Lies mal Grimms Märchen von Goldmarie und Pechmarie (›Frau Holle‹)! Was jetzt gebraucht wird, ist Empathie, nicht Ignoranz.«

Ich habe mein ganzes Leben lang für einen gesunden Planeten gekämpft, *aber bis zu diesem Moment hatte ich die Fülle der Erde nie selbst erfahren.* Wir sind alle daran gewöhnt, in einer kaputten Umgebung zu leben, mit Problemen um uns herum und in uns selbst. Wir haben mentale Werkzeuge und Strategien entwickelt, um mit Konflikt und Unfrieden umzugehen. Aber können wir auch mit Perfektion und Glück umgehen?

Das wirft die Frage auf: Wenn Trauma und Schuld überall in den menschlichen Gesellschaften so weit verbreitet sind, *können* die Menschen dann überhaupt eine intakte Erde, einen gesunden Planeten wollen? Oder wird die Menschheit weiterhin unbewusst alten Mustern der Selbstbestrafung erliegen, was möglicherweise zur globalen Selbstvernichtung führt?

Die Menschen auf der ganzen Welt werden seit Jahren mit Daten und Statistiken über den globalen ökologischen Kollaps gefüttert, aber der Verstand allein genügt hier nicht. Viele Menschen sind einfach in »kognitiver Dissonanz«* gefangen und bleiben unfähig, etwas gravierend zu verändern.

Neben neugierigem Lernen und Verstehen der komplexen Natur ist auch eine *Begegnung* mit ihr notwendig (und wahrscheinlich noch wichtiger ist als das verstandesmäßige Vorgehen)! Die persönliche Beziehung zu Aspekten Gaias – ja die Wiederverzauberung der Welt – bringt die tieferen Wahrheiten zum Vorschein. Aber könnte es sein, dass die meisten Menschen das gar nicht wollen? Weil es in uns eine massive Mauer gibt, die unsere persönlichen Schuld- und Schamdepots schützt, welche ein nicht unerhebliches Territorium unserer Seele in Beschlag nehmen? Oder weil die Verzauberung und gar

---

* Kognitive Dissonanz ist ein Konflikt, ein psychischer Stress, der dann auftaucht, wenn unser Verhalten nicht mit unseren Werten oder Überzeugungen übereinstimmt. Wenn wir Informationen ausgesetzt werden, die unser bisheriges Weltbild infrage stellen, werden die meisten Menschen große Anstrengungen unternehmen, um die Beibehaltung ihrer alten Glaubenssätze zu rechtfertigen.

Angesichts der globalen ökologischen Krise erreicht die kognitive Dissonanz eine noch nie da gewesene Wichtigkeit. Die Menschen halten entweder an den alten Paradigmen fest und wollen alles so haben, »wie es mal war« (z. B. Benzinautos, Ölheizung, Regenwald-Fleisch), die Erkenntnis verweigernd, wie vernichtend falsch wir lagen. Oder sie wollen tatsächlich das Klima und die Erde schützen, aber es gibt keinen Weg, wirklich auszusteigen aus einer Gesellschaft, deren Wirtschaft auf extremem Raubbau an der Erde und der Ausbeutung anderer Völker (menschlichen und allen nicht-menschlichen) basiert. Das heißt, sie wollen entweder, was nicht mehr sein *darf*, oder sie wollen, was nicht sein *kann*: Es kann keine »nachhaltige« Raubbaugesellschaft geben, auch nicht mit »grüner« Energie.

das Verliebtsein in die lebendige Welt alsbald Konsequenzen in unserem Lebensstil erfordern würde, Veränderungen, die wir nicht bereit oder in der Lage sind, vorzunehmen? Wie zum Beispiel kein Schweinefleisch mehr zu essen (Schweine sind hochintelligente, empfindsame, intuitive, wundersame Wesen), oder andere Tiere, Menschennationen, Landschaften im großen Stil für unseren eigenen Komfort ausnutzen und ausbeuten zu lassen? Nicht in der Lage zu sein, unsere Liebe zur lebendigen Welt auch in Handlungen und unserem Lebensstil auszudrücken, erzeugt eine noch größere und schmerzhaftere kognitive Dissonanz als, sagen wir, die Paradoxien der Klimakrise und der noch größeren Bedrohung durch den weltweiten rasanten Verlust der biologischen Vielfalt.

* * *

Wie also geht man um mit der Überwältigung durch die Schönheit und Majestät der natürlichen Welt? In meinem Fall habe ich, um mit dem unmittelbaren Ansturm von Anmut und Bedeutung fertig zu werden, gelernt, das alte Sprichwort der persischen Sufi-Dichter anzuwenden: »Auch dies wird vorübergehen.« Was auch immer geschieht, man beobachtet es und lässt es vorübergehen. Die Energie, die durch das Glück entsteht, die Freude, die Dankbarkeit und die Liebe, versuche ich jedoch auf die Erde und all ihre Wesen zu leiten. *Um zurückzugeben; so schließt sich der energetische Kreislauf.* So kann ich es einfach geschehen lassen; die zusätzliche Energie in die Erdarbeit leiten – ohne mich emotional zu verheddern. *Bliss* (Segen) ist keine Emotion, sondern ein Zustand des Seins.

Etwa zwei Wochen lang hatte ich mit dieser »unerträglichen Leichtigkeit des Seins« zu tun, die immer wieder von den Schmetterlingen ausgelöst wurde.

Ein paar Wochen später begann unerwartet ein nächstes Kapitel: Ich begegnete meinen ersten beiden wilden Schlangen. Die erste war die Hornotter (*Vipera ammodytes*), die zwar giftig sein soll, aber eigentlich gar nicht so schlimm ist. Sie verschwand ohnehin schnell in den Büschen. Am Nachmittag dann überquerte eine wunderschöne

Vierstreifennatter (*Elaphe quatuorlineata*) unsere Einfahrt, etwa 6 Meter vor mir. Sie war weit über 2 Meter lang und in der Mitte etwa 12 Zentimeter dick. Sie beschleunigte, als sie mich sah, behielt aber auch bei hohem Tempo ihre weiten s-förmigen Kurven bei. Aufgrund ihres Gewichts und ihrer Größe erzeugten die Hunderte von Schuppen, die über den Kies glitten, ein vielstimmiges Surren mit einer Vielzahl singender Obertöne, das meine Ohren mit einem atemberaubenden stereophonen Klang überflutete. Für einige flüchtige Momente war mein ganzes Universum nur Schlange. Das hochbewusste Tier sah mich an und war sich bewusst, dass ich es sah. Das gegenseitige Erkennen zweier so unterschiedlicher Kreaturen erzeugt eine ehrfurchtgebietende Aufmerksamkeit und Zuwendung. Ich sah in ihr durchdringendes Auge und sagte: »Sei beschützt, Freundin! Und komm jederzeit wieder!«

Zwei volle Tage lang blieb ich im Bann dieser Begegnung. Und mehr noch, die große Schlange hatte mich nach all den Schmetterlingen geerdet. Ich spürte mich immer noch von den Schmetterlingen umschwärmt, aber jetzt hielt ich mich, bildlich gesprochen, mit einer Hand am Schwanz der erdgebundenen Schwester Schlange fest. Die Schlange wurde zu meinem Anker, während ich den Garten mit seiner Vielzahl von Insekten, Pflanzen, Mäusen, Eidechsen und Geckos aus ihrer niedrigen Perspektive neu entdeckte: Mmh, ein erstaunlich bunter Grashüpfer – wie der wohl vom Schlangenvolk wahrgenommen wird? Mmh, da sind wieder die beiden umherstreifenden Steinmarder, was würde passieren, wenn sie auf Schwester Schlange treffen? Mmh, wo trinken die Schlangen überhaupt im heißen griechischen Sommer? Und was fressen sie, um so groß zu werden?

Natürlich tragen Schlangen auch die Gewahrnis des Todes an uns heran. Nicht unseres eigenen, sondern einfach, weil Schlangen Jäger sind. Eidechsen oder Wildkaninchen werden nicht so froh sein wie ich, eine Natter zu sehen. Oder vielleicht doch, aber dann nicht sehr lange. Schlangen haben nicht die Unschuld von Schmetterlingen, Bienen oder Blumen. *Aber Schlangen machen das Paradies leichter erträglich.* Wie auch Füchse, Wölfe und andere Jäger erinnern sie uns daran, dass wir nicht die einzigen sind, die töten, um zu leben, die andere Tiere essen, die wir eigentlich lieben (sollten). Auch im Paradiesgarten ist der Tod integraler Teil des Lebens.

Das nächste Kapitel war die Zikadenphase. Ich denke nicht mehr in traditionellen Jahreszeiten. Es sind die Wellen der Artenvielfalt, die unser Leben hier prägen.

Zikaden erzeugen eine ständige, ziemlich laute Geräuschkulisse. Sie sitzen hoch oben in den Olivenbäumen, irgendwo, wo wir sie nicht sehen. Aber sie sind sehr wachsam und präsent.

Klang ist Vibration, und es ist interessant, sich vorzustellen, wie sie mit ihrem ganzen Körper vibrieren. Wer sagt, dass diese Tätigkeit – das zu tun, wofür sie geboren wurden – für sie nicht genauso ekstatisch oder sogar noch ekstatischer ist als der sexuelle Akt am Ende dieses »Werbens« selbst? Immerhin ziehen andere Tierarten das Werben in Tagen, Stunden oder gar Sekunden durch. Den ganzen Sommer über in ständiger Resonanz in einem Chor zu leben, ist mehr als »Werben«, es ist ein Lebensstil, und zwar ein ekstatischer.

Und was für ein Chor es ist! Er ist polyrhythmisch (3/4 und 5/4 gleichzeitig, aber nicht 4/4, zumindest nicht in den ersten vier Wochen, danach ausschließlich 4/4, später wieder polyrhythmisch 4/4 *und* 3/4). Mit subtilen Variationen in ihrem rhythmischen Schaben erzeugen die Zikaden Wellen modulierender Obertöne, die als Raumklang durch die Olivenhaine wehen. Ich empfinde sie als Ausdruck von Freude. Es ist auf jeden Fall Energie, und sie energetisiert die ganze Landschaft. Schallwellen sind molekulare Luftbewegung, sie bewegen sich durch das Medium Luft – *und durch alles andere!* Wie wirkt es sich wohl auf die Oliven und andere Früchte und Samen aus, den ganzen Sommer lang in täglichem rhythmischen Pulsieren zu reifen, wie wirkt es sich auf ihre molekularen Strukturen und ihre Vitalkraft aus? Wir wissen so wenig!

Der Gesang der Zikade schwingt auch durch meinen Körper und bettet den Menschen, wie alles andere, in die lebendige Landschaft ein. Ein Ruf zum Einssein. Kein Wunder, dass die Zikaden hier und im ganzen östlichen Mittelmeerraum des Altertums als Symbol der Verjüngung und der Ewigkeit verehrt wurden.[4]

Was wird als nächstes auf dieser fortlaufenden Reise der Verzauberung geschehen? Ich weiß es nicht. Aber ich weiß, dass wir einen Neuanfang gefunden haben, unseren Weg, aktiv das zu leben, wozu die Ökozentrikerin Eileen Crist in ihrem EarthTongues-Beitrag »Don't Lose Heart«[5] aufruft, wenn sie sagt, dass wir als Einzelne den Planeten nicht »retten« können, sondern einfach lernen müssen, die Erde zu *sehen*.

Quellen

1. Fred Hageneder 2021. *Nur die eine Erde*, Neue Erde, Saarbrücken. Kap. 14.

2. Gerald Durrell 1976. *The Greek Islands*, Faber, London.

3. www.nabu.de/tiere-und-pflanzen/voegel/zugvogelschutz/aegypten/index. html

4. Fred Hageneder 2007/2024. *Die Eibe in neuem Licht*, Neue Erde, Saarbrücken. Kap. 33.

5. Eileen Crist 2022. »Don't Lose Heart«. blog.ecologicalcitizen.net/2022/08/09/ dont-lose-heart

Fred Hageneder ist ein ganzheitlicher Baum- und Naturforscher. Er hat zahlreiche Bücher zur Ethnobotanik der Bäume verfasst, die in zehn Sprachen übersetzt wurden. Fred Hageneder hielt über 100 Vorträge in verschiedenen Ländern. Er ist Autor von *Der Geist der Bäume*, *Nur die eine Erde*, *Das Baum-Engel-Orakel* und *Die Eibe in neuem Licht*. Er ist Mitgründer der Ancient Yew Group, einer Gruppe, die sich für den Schutz der uralten Eiben Europas einsetzt, und Mitglied der Ecocentric Alliance.

www.geist-der-baeume.de

Die Erde, unser Zuhause

Tanis Helliwell

Übersetzung: Laura Spies

»Ich will von der Erde singen, der Mutter von allem, dem ältesten aller Wesen. Sie nährt alle Geschöpfe der Welt, alle, die auf dem guten Lande gehen, alle, die sich auf den Wegen der Meere bewegen, und alle, die fliegen, sie alle werden von ihrem Vorrat genährt.«

Homer, Hymne 30, 30, *An die Erde, die Mutter von allem*

Um ein gutes Verhältnis zur Natur zu haben, müssen wir unsere Rolle bei der gemeinsamen Schöpfung mit allen Wesen in der natürlichen Welt unserer geliebten Heimat, der Erde, tief begreifen. Seit Jahrzehnten schreibe ich darüber, wie wir mit Naturgeistern zusammenarbeiten können, und heute möchte ich diese Diskussion weiter ausdehnen, um alle unsere Beziehungen auf der Erde zu feiern. Ich möchte damit auch die vielen Lehren der Erde ehren, die mich hierhergebracht haben.

Mein Leben – wie auch das anderer – spiegelt wider, was ich in meinem Kern gefunden habe. Ich biete dir meine sehr eklektische Sichtweise der Erde und der sich hier entwickelnden Mineral-, Pflanzen- und Tierreiche an, damit du sie durch deine Brille betrachten kannst. Finde deine eigene Beziehung zur Erde und zu unseren Brüdern, Schwestern und Cousins hier. Und möge diese Beziehung heilig sein und wachsen und nachhaltig für dich und die Erde wirken.

Das ist mein Gebet und mein Hauptgrund, aus dem Fundus der gemeinsamen Weisheit vieler Traditionen, die ich mein Zuhause nenne,
etwas zu teilen.

Die Phasen, die der Mensch in der Evolution durchlaufen hat
Der Mensch hat in seiner Entwicklung viele Stufen durchlaufen, und
zwar zu einer Zeit, bevor unser Sonnensystem so aussah wie heute.
Es gab ein mineralisches, ein pflanzliches und ein tierisches Stadium.
Tatsächlich befinden sich viele Menschen immer noch in ihrer tierischen Evolutionsstufe. Sie werden von ihren Ego-Wünschen kontrolliert und sind sich der höheren Berufung ihrer Seele kaum bewusst.
Unsere nächste Evolutionsstufe ist die des erleuchteten Menschen, die
Stufe, in der wir wahrhaftig manifestieren, was es heißt, »Mensch«
zu sein, sowohl für die Menschheit als Ganzes als auch im Dienst an
allen Wesen auf der Erde.

So wie wir aus den Bausteinen von Einzellern bestehen, die vor
Millionen von Jahren auf der Erde existierten, sind wir Produkte von
Grundlagen, die von diesen mineralischen, pflanzlichen und tierischen Existenzen geschaffen wurden, die wir gelebt haben. Sie sind
sowohl in uns als auch außerhalb von uns als die Brüder, Schwestern
und Cousins, mit denen wir diese schöne Erde teilen.

Alle Lebewesen sind Zellen im Körper der Erde. Uns selbst für
getrennt und genug zu halten, ohne anzuerkennen, dass es ohne die
Gaben der Erde wie Nahrung, Luft und Wasser kein Leben gibt, ist
absolut lächerlich. Regelrecht obszön. Doch in unserem Wahn der
Selbstherrlichkeit ist das genau die Art und Weise, wie wir Menschen
uns verhalten, und sie beruht auf einem völlig irrigen Glauben an
unser gottgegebenes Recht, die natürliche Welt zu beherrschen und
zu benutzen, wie es uns gefällt.

Die Gesetze der Natur sind die Gesetze des Geistes, und was für
das eine gilt, gilt für beide. Die Natur ist Geist in Form, erschaffen
von Naturgeistern und Elementarwesen, großen und kleinen, die die
Erde, die Luft, das Wasser und das Feuer unserer manifestierten Welt
bilden. Und der Geist in Form der Körperelementare oder der Kör-

perintelligenz ist das, was deinen und meinen Körper aufbaut. Ebenso hat jedes Lebewesen ein Körperelementar, einschließlich Insekten, Mineralien, Tiere, du und ich.

Niemand ist mehr oder weniger wert. Wir sind Formen des Geistes, des universellen Bewusstseins, in manifester Form. Und nun die gute Nachricht: Die Menschen sind dabei, zu dieser Wirklichkeit zu erwachen. Wir machen uns die Lehren der indigenen Völker aller Nationen zu eigen, die dies wissen. Der Schleier wird von unseren Augen gelüftet, und wir lernen wieder zu sehen.

Träger der Energie: Das Mineralvolk

Mineralien entwickeln sich und haben ihr eigenes Bewusstsein, aber da ihre Frequenz so niedrig schwingt, neigen die Menschen dazu, sie für leblos zu halten. Dieser Irrtum rührt daher, dass der Mensch, ebenso wie Tiere und Pflanzen, aus kohlenstoffhaltigen Atomen besteht. Die Menschen neigen zu der Annahme, dass nur kohlenstoffhaltige Formen lebendig seien. Kohlenstoff bildet endlose Ketten und reagiert mit allem, was in seiner Nähe ist. Der Mensch assoziiert diese Eigenschaft mit Leben. Silizium, das in der Frequenz direkt unter Kohlenstoff liegt, hat jedoch dieselben Eigenschaften.

Silizium ist eine Form von Kristall, und die Erdkruste besteht zu 87 Prozent aus Siliziumverbindungen. Das bedeutet, dass wir auf einem Planeten leben, der aus Kristall besteht. Für mich ist klar, dass dieser Kristall Energie von der Sonne empfängt, speichert und sie den Lebewesen in der Form gibt, die sie benötigen. Der Kristall speichert auch das Gedächtnis der Erde und kann durch Gedanken programmiert werden.

Computerchips werden aus Silizium hergestellt, und Fernsehgeräte, Mobiltelefone und verschiedene Arten von Elektronik beruhen in hohem Maße auf Siliziumformen. Sogar Biochips, die Menschen implantiert werden, enthalten Siliziumkristalle, und die künstliche Intelligenz wird täglich mehr. Es könnte eine Zeit kommen, und zwar nicht in ferner Zukunft, in der computerisierte siliziumbasierte Formen als lebendige Lebensformen anerkannt werden.

Mineralien können als kondensierte, potenzierte homöopathische Mengen der sieben Strahlen der kosmischen Energie verstanden werden, deren Farben wir in Regenbögen sehen können. Die am höchsten entwickelten Kristalle sind Edelsteine und Halbedelsteine. Edelsteine sind die Aufbewahrungsorte im Mineralreich für die verschiedenen Strahlen, aus denen unser Körper und alles andere besteht. Edelsteine und Halbedelsteine wurden im Laufe der menschlichen Evolution für Schönheit und Heilung verwendet. Je nach Stein können sie zu einem Elixier gemahlen und getrunken, auf ein bestimmtes Chakra oder Organ gelegt oder in Form von Schmuck getragen werden, um die Energie zu erhalten. In Indien werden in der ayurvedischen Medizin seit Hunderten, ja Tausenden von Jahren Edelsteine zur Heilung des physischen, emotionalen und mentalen Körpers eingesetzt.

Bewusste Geber: Pflanzen und Bäume

»Bäume predigen nicht Lehren und Rezepte, sie predigen, um das Einzelne unbekümmert, das Urgesetz des Lebens.«

Hermann Hesse

Was geben uns die Pflanzen?

Pflanzen sind Energiespender. Sie sind in ihrem Evolutionsstrom höher entwickelt als der Mensch, der nur Energie aufnimmt. Geben ist eine Form der Liebe und liegt auf einer höheren Frequenz als Nehmen. Pflanzen leben in Harmonie mit dem Bewusstsein und dienen anderen, was das höchste Gesetz des Lebens ist. Tagsüber erzeugen sie Sauerstoff zum Atmen, und sie spenden ihre Körper als Nahrung und Holz zum Bau von Häusern und Möbeln für Schutz und Komfort. Darüber hinaus schenken sie uns Freude: durch ihre Schönheit, ihre Farben und Düfte.

Wenn du dir das Pflanzenreich genauer absiehst, wirst du feststellen, dass die Pflanzen einen Dienst für die Erde leisten und in Harmonie mit ihr leben. Alle Arten haben eine besondere Funktion auf diesem Planeten. Die Mitglieder des Pflanzenreichs, zu dem ich Bäume,

Gemüse, Getreide, Blumen, Moos, Algen, Seetang und so weiter rechne, sind Geber. Pflanzen geben auf viele Arten. Einige wärmen dich, andere kühlen dich. Einige Pflanzen bieten Zugänge zu anderen Dimensionen, seien es Trauben für Wein oder Pilze und Kakteen für die Erzeugung veränderter Zustände. Die Düfte einiger Pflanzen wie Rose, Flieder und Lavendel heilen verschiedene Krankheiten. Es gibt unzählige Heilpflanzen – die Heiler des Pflanzenreichs.

Mein Garten ist einer meiner besten Lehrmeister, wenn es darum geht, auf die Stimme von Mutter Erde zu hören. Ich habe das Gefühl, dass die Lebensmittel, die ich selbst anbaue, am gesündesten sind, da sie nicht gentechnisch verändert oder mit schädlichen Chemikalien besprüht sind und mit Liebe und Sorgfalt angebaut werden. Pflanzen gedeihen, wenn wir ihnen positive Gedanken schicken, und verwelken, wenn wir ihnen negative Gedanken schicken. Ich habe zum Beispiel festgestellt, dass meine Äpfel, Karotten, Pastinaken und Grünkohl den Winter überstehen, und ich glaube, das liegt daran, dass ich sie liebe und ihnen Dankbarkeit sende. Ich frage sogar das Gemüse in meinem Garten, ob ich es pflücken darf, und wenn es »Nein« sagt, nehme ich es nicht. Wenn du jeder Lebensform Dankbarkeit und Respekt entgegenbringst, empfängt die Körperintelligenz dieses Wesens diese Energie, die du im Falle von Gemüse als Nahrung zurückerhältst.

Der Mensch hat in die Evolution des Pflanzenreichs mehr als in jedes andere Reich genetisch eingegriffen. In den meisten Fällen sieht der Mensch die langfristigen Auswirkungen seines Handelns nicht voraus, wenn er die Artenvielfalt zerstört, indem er versucht, Pflanzen zu schaffen, die mehr produzieren. Wir holzen alte Wälder ab und ersetzen sie durch zwei oder drei Baumarten. Wir pflanzen nur noch eine einzige Weizensorte an, schaffen Früchte ohne Samen und erschaffen gentechnisch veränderte Tomaten mit dicker Schale, die sich besser verpacken lassen. Wir töten das Gute in der Nahrung durch Strahlung und nehmen tote Materie zu uns, wenn wir sie essen. Der Verzehr von bestrahlten und gentechnisch veränderten

Lebensmitteln gehört zu den ungesündesten Dingen, die der Mensch seinem Körper derzeit antut. Dieses kurzsichtige Denken schwächt das komplexe Netz des Lebens, in dem wir uns befinden. Unserem Körper steht elementar nur die Nahrung zur Verfügung, die wir ihm zum Aufbau unseres Körpers geben. Bestrahlte und gentechnisch veränderte Lebensmittel hindern unsere Körperintelligenz daran, gesunde Körper zu bilden.

Mir ist klar, dass die Menschen oft kaum eine Wahl haben, was die Lebensmittel angeht, die sie essen. Zum Beispiel hat nicht jeder einen Platz zum Anbau von Lebensmitteln oder Zugang zu einem Ort, an dem er Bioprodukte kaufen kann. Außerdem können die im Supermarkt gekauften Produkte, selbst wenn sie als Bio-Produkte gekennzeichnet sind, eine Woche alt oder älter sein, was ihren Nährwert mindert. Schauen wir uns also an, was jeder von uns tun kann!

Wir können den Geist bitten, das Essen zu segnen und wir können langsam und dankbar essen. Beides erhöht die Energie der Nahrung. Außerdem haben Pflanzen mehr Energie, wenn sie in ihrer Umgebung heimisch sind. Es ist also energiereicher, Lebensmittel zu essen, die vor Ort angebaut werden, und wenn man in kalten Klimazonen lebt, ist es besser, Pflanzen in der Jahreszeit zu essen, in der sie reif sind. Daher ist es besser, im Winter Wurzelgemüse zu essen. Rohes Grün, wie beispielsweise Salat, hilft jedoch auch im Winter bei der Entgiftung des Körpers und bei der Verdauung gekochter Speisen.

Die Bedeutung von Bäumen

Pflanzen entwickeln sich sowohl als Individuen als auch als Gruppe, und einige Arten sind höher entwickelt als andere. Die Druiden sprachen von heiligen Bäumen, zu denen sie die Eiche, die Eibe, den Weißdorn und die Stechpalme rechneten. Indem sie ihre Heiligkeit anerkannten, erkannten die Druiden auch ihr entwickeltes Bewusstsein an.

Jiddu Krishnamurti schrieb, dass die Benennung der Bäume verhindert, sie wirklich zu kennen. Er bemerkte, dass, wenn man einen Baum ansieht und sagt: »Das ist eine Eiche« oder »Das ist ein Banyan«, die Benennung des Baumes, also das botanische Wissen, den Verstand so konditioniert hat, dass das Wort zwischen uns und dem tatsächlichen Erleben des Baumes steht. Um den Baum zu kennen, muss man ihn als bewusstes Wesen erkennen. Bäume können Lehrer für uns Menschen sein und uns helfen, Bewusstsein zu entwickeln. Es ist nicht immer so, dass der Mensch fortgeschrittener ist.

Mammutbäume zum Beispiel sind seit dem Zeitalter der Dinosaurier auf der Erde und haben uns viel zu lehren. Diese Bäume werden im Durchschnitt zwischen 500 und 1200 Jahre alt, obwohl einige von ihnen sogar 2200 Jahre alt werden können. Ich hatte das Glück, von einem dieser uralten Mammutbäume im Humboldt State Park unterrichtet zu werden. Die Bäume in diesem Wald baten mich, mit dem Baum zu sprechen, den sie sowohl »Großvater« als auch »Sprecher der Bäume« nennen. Großvater ist der größte und älteste Mammutbaum, nicht nur in diesem Wald, sondern vermutlich auch auf der Erde.

Großvater sagte, wenn wir Menschen lange leben wollen, müssen wir dickhäutig sein. Ich verstand das so, dass wir flexibel (nicht gefühllos) auf unsere Umwelt reagieren müssen. Die Rinde eines ausgewachsenen Redwood-Baums ist beispielsweise bis zu einem Meter dick, wodurch er widrige Umweltbedingungen überstehen kann. Diese Bäume sind feuerbeständig, und viele von ihnen haben Waldbrände überlebt und sind immer noch am Leben und gesund. Ein weiterer Punkt ist, dass die Baumrinde eine Chemikalie enthält, die für Insekten giftig ist, so dass Insekten die Bäume nicht angreifen. Wie sie müssen auch wir in der Lage sein, der negativen Meinung anderer über uns zu widerstehen und uns selbst treu zu bleiben. Ihre Botschaft an uns lautet, dass wir uns den Veränderungen anpassen müssen, um gesund zu bleiben.

Großvater sagte auch, dass wir Menschen uns von dem trennen müssen, was uns nicht mehr dient und nährt, sowohl körperlich als auch geistig, wenn wir stark werden, gesund sein und lange leben wollen. Mammutbäume tun dies. Das Blätterdach in diesen uralten Wäldern ist dicht, und da das Laub auf den unteren Ästen nicht mehr genügend Licht für die Photosynthese erhält, haben die Bäume

gelernt, sie abzustoßen. Nur die oberen Äste können in einem so alten
Wald ans Licht gelangen.

Diese riesigen Mammutbäume haben flache Wurzeln, und man
könnte meinen, dass sie leicht umkippen würden, aber das tun sie
nicht, weil sie ihre Wurzeln horizontal ausbreiten, um sich mit den
Wurzeln der benachbarten Bäume zu verbinden. In diesem wechselseitig abhängigen System unterstützt jeder Baum seine Nachbarn und
wird zugleich von ihnen unterstützt. Das ist auch für den Menschen
eine wichtige Lektion. Großvater sagte, dass wir uns mit Gleichge-
sinnten zusammentun müssen, um gemeinsam eine langfristig nachhaltige Welt für uns und andere zu schaffen, weil die wechselseitige
Abhängigkeit uns Stärke verleiht.

Wir wissen heute, dass verschiedene Pilzarten Bäume ernähren und
durch Kommunikationsnetze miteinander verbinden, die Informationen über Insekten, Trockenheit und andere Gefahren weitergeben.
Diese Pilznetzwerke sind manchmal Hunderte oder sogar Tausende
von Jahren alt, wie ein Pilznetzwerk in Oregon, das sich über 2000
Hektar erstreckt. Es gibt auch ein ätherisches Lichtnetz um die Erde
herum, das sich bis in höhere Sphären erstreckt. Alle Lebewesen sind
Teil dieses Lichtnetzes, und die Gesundheit eines Lebewesens wirkt
sich auf die Gesundheit aller aus, genauso wie die Bäume durch Pilz-
systeme miteinander verbunden sind.

Langsames Wachstum ist der entscheidende Faktor für langlebige
Bäume. Zu unserem Nachteil fehlt uns Menschen in der Regel die
Geduld für langsames Wachstum. Außerdem werden alte Bäume in
lange bestehenden Wäldern von jungen Bäumen verehrt, und wenn
die Stämme alter Bäume altersbedingt absterben, ernähren junge
Bäume oft die Wurzeln des alten Baumes weiter und halten ihn am
Leben, sogar über Hunderte von Jahren. Diese Tatsache brachte mich
zum Nachdenken darüber, dass wir in der westlichen Gesellschaft
unsere älteren Menschen nicht verehren. Wir verfrachten sie in Pfle-
geheime, anstatt ihnen den gleichen Respekt entgegenzubringen wie

es die Bäume tun, die auf dem Bewusstseinsspektrum vermeintlich niedriger stehen.

Noch interessanter ist die Feststellung, dass junge Bäume, die in Baumplantagen gepflanzt werden, ältere Bäume nicht ernähren, weil die Wurzeln der jungen Bäume nie mit den älteren Bäumen verbunden waren und von ihnen ernährt wurden. Dieser Umstand erinnert mich an junge Menschen, die in zerrütteten Familien aufwachsen, und daran, wie dies ihre Bindungen und Beziehungen zu anderen behindern kann. Es gibt so viele Botschaften, die wir von Bäumen für unsere menschliche Gesellschaft ableiten können.

Eine heilige Stätte werden

»Der Mensch ist ein Teil des Ganzen, das wir Universum nennen, ein in Raum und Zeit begrenzter Teil. Er erfährt sich selbst, seine Gedanken und Gefühle als getrennt von allem anderen – eine Art optische Täuschung des Bewusstseins.

Diese Täuschung ist wie ein Gefängnis für uns, das uns auf unsere eigenen Vorlieben und auf die Zuneigung zu wenigen beschränkt. Unser Ziel muss es sein, uns aus diesem Gefängnis zu befreien, indem wir den Horizont unseres Mitgefühls erweitern, bis er alle lebenden Wesen und die gesamte Natur in all ihrer Schönheit umfasst.«

Albert Einstein

Über 20 Jahre lang habe ich Einzelpersonen zu heiligen Stätten der Erde geführt, um spirituelle Erdakupunktur zu praktizieren. Wir besuchten Stonehenge, die Pyramide von Gizeh, Machu Picchu, Langhäuser der Maori, Schreine der Schwarzen Madonna in Frankreich und die Anasazi-Stätten im Chaco Canyon im amerikanischen Südwesten. Wir veranstalteten Reinigungsrituale und Visionssuchen, meditierten, sangen und führten Zeremonien und Rituale durch, um die Energiepunkte der Erde für Heilung zu öffnen. Diese Zeremonien halfen nicht nur der Erde zu heilen, sie halfen auch jedem von uns persönlich.

Ich glaube, dass man dafür nicht zu heiligen Stätten reisen muss und dass man selbst zu einer heiligen Stätte für die Erde werden kann, egal wo man lebt. Hier sind ein paar praktische Vorschläge dazu:

- Glaube an die Naturgeister. Der menschliche Glaube stärkt die Elementarwesen und schenkt ihnen Energie. Naturgeister, die individualisierte Elementarwesen sind, und winzige Elementarwesen, die mit Wasser, Luft, Feuer und Erde arbeiten, erschaffen alle Formen auf der Erde. Viele von ihnen möchten mit den Menschen zusammen erschaffen.
- Gehe so oft wie möglich an gesunde Orte in der Natur. Gehe in Wäldern spazieren oder am Meer entlang, lege dich auf eine Wiese, höre den Vögeln zu. Richte dich auf die richtige Schwingung der Erde aus und hören, was sie dir sagen will. Die Menschen erhöhen ihre Frequenz, wenn sie diese Dinge tun.
- Kooperiere und erschaffe mit der Natur, indem du Bäume und Blumen pflanzt und die Vögel fütterst.
- Die gemeinsame Schöpfung funktioniert am besten, wenn man das Angebot des anderen wertschätzt und anerkennt. Naturgeister, Bäume, Pflanzen, sie alle *lieben* es, gewürdigt zu werden.
- Was auch immer du siehst, das getan werden muss, tue es. Wenn du zum Beispiel in einem Park oder am Strand Müll auf dem Boden liegen siehst, hebe ihn auf.
- Recycel fleißig und kaufe so gut es geht keine Dinge in Plastik und verwende deine Plastiktüten und -flaschen wieder.
- Stelle dir jeden Tag vor, dass die Erde gesund ist, einschließlich des Wassers und der Wesen, die im Wasser leben, der Luft und der Wesen, die in der Luft leben, der Erde und der Wesen, die auf und in der Erde leben.
- Schaffe einen Zufluchtsort für die Naturgeister in deinem Garten oder Haus, indem du Pflanzen großziehst.
- Übernimm eine Patenschaft für einen Park, einen Wanderweg, einen Fluss oder einige Bäume an der Straße, in der du lebst.

Besuche sie und stelle dir vor, wie sie gesund sind und ihren Zweck erfüllen.

- Pflanze Bäume, umarme Bäume, höre einem oder mehreren Bäumen zu.
- Lege einen Garten an und lerne, in Harmonie mit dem Boden, dem Wetter, den Jahreszeiten und den Pflanzen zu arbeiten.
- Wo wir unser Geld anlegen, ist ein Hinweis darauf, was wir schätzen. In was investierst du finanziell? Ist es ein Auto, ein Haus oder Aktien und sind deine Investitionen nachhaltig?

 Tanis Helliwell ist eine kanadische Autorin, Therapeutin und spirituelle Lehrerin. Sie ist bekannt für ihre Arbeit im Bereich der persönlichen und spirituellen Entwicklung. Helliwell hat eine ganze Reihe von Büchern veröffentlicht, darunter *Elfensommer*, *Elfenreise*, *Die Hohen Wesen von Hawaii*, *Nicht ganz von dieser Welt* und *Geschichte eines Leprechaun*, in denen sie ihre spirituellen Erfahrungen teilt. Sie ist eine erfahrene Therapeutin, die sich auf emotionales Heilen und spirituelle Begleitung spezialisiert hat. Helliwell hat durch ihre Arbeit viele Menschen inspiriert und begleitet.

www.tanishelliwell.com

Die Wiederentdeckung des Heiligen: Liebend für die Erde sorgen

Waltraud Hönes

Wenn wir darüber nachdenken, wie wir Frieden mit der Natur schließen könnten, heißt das folgerichtig auch, erkannt zu haben, dass
wir uns gegenwärtig im Kriegszustand mit ihr befinden. Wir haben
uns so weit von ihr entfernt, dass wir sie zu unserem Gegenspieler
gemacht haben. Doch zeigt sich nicht in der Natur die wilde, ungezähmte, kreative Kraft der lebendigen Erde, die auch uns selbst hervorgebracht hat? Haben wir vergessen, wie sehr auch wir Menschen
auf ihre Erneuerungskraft angewiesen sind? Was könnte widersin-
niger sein, als unserer Mutter, die uns nährt und uns den Körper
gegeben hat, feindselig gesinnt zu sein und ihr gar Gewalt anzutun!

Frieden mit der Natur ist Frieden mit Mutter Erde selbst. Um zu
diesem Frieden – eigentlich möchte ich lieber sagen, zu der *rechten
Beziehung* – mit ihr zu kommen, ist es unumgänglich, den tieferen
Ursachen des derzeitigen Missstandes nachzugehen, aus denen sich
auch der Weg aus ihm heraus ableitet.

Menschen haben unzählige Kriege gegeneinander geführt, um sich
zu bereichern. Im allgemeinen geht es darum, etwas zu erbeuten, sei
es Territorium mit Nahrungsressourcen oder Bodenschätzen, men-
schengemachte Kostbarkeiten oder Menschen selbst. Die Motive sind
eigentlich immer die gleichen: Man hat nicht genug von etwas, und

die Nachbarn haben mehr. Oder man fühlt sich von ihnen bedroht, denn sie könnten einem etwas wegnehmen wollen. Also kommt man ihnen lieber zuvor und greift sie seinerseits an. Oder man will mehr haben, obwohl man eigentlich genug hätte, vielleicht etwas Zusätzliches, um das man die Nachbarn beneidet. Das ist dann schon kein existenzielles Motiv mehr, sondern Gier nach mehr, wobei man davon überzeugt ist, dass man mehr Macht hat, wenn man mehr besitzt.

Wie steht es aber mit unserer Kriegsführung gegen die Erde? Gibt sie uns nicht genug oder will uns sogar etwas wegnehmen, bedroht sie uns? Letzteres scheint absurd, doch denkt man an entfesselte Naturgewalten, die Ernten vernichten und uns obdachlos machen oder töten können, ist auch dieser Gedanke nicht mehr so abwegig. Also versuchen wir, sie zu bändigen und kämpfen gegen sie. Wir begreifen uns nicht mehr als der Natur zugehörig; sie ist unser Gegner geworden. Wir glauben die Naturkräfte mit den Mitteln der Technik in Schach halten zu müssen und wollen sie darüber hinaus für unsere Zwecke gebrauchen, das heißt für unseren Profit auf Kosten anderer. Die Zeiten, wo Medizinpersonen mit ihnen verhandelt und dabei auch die Bedürfnisse anderer Wesen mitberücksichtigt haben, sind vorbei!

Möglicherweise haben wir deswegen das Gefühl, dass uns die Erde nicht genug gibt oder uns bedroht, weil wir in unserer »zivilisierten« Welt neue Bedürfnisse geschaffen haben, die sie befriedigen kann, und wollen ihr deshalb rauben, was sie uns nicht freiwillig gibt. Unser übersteigertes Bedürfnis nach Sicherheit gehört sicherlich dazu. Haben wir in unserem Sicherheitswahn so viel Angst vor ihr, dass wir um jeden Preis über sie herrschen wollen?

Befinden wir uns tatsächlich in einem Machtkampf mit der Erde, so muss das zwangsläufig selbstzerstörerisch sein, weil es uns wortwörtlich den Boden unter den Füßen wegzieht. Das ist es, was gefährlich für uns geworden ist und sich dringend ändern muss! Gehen wir also den tieferen Ursachen für diesen bedenklichen Zustand nach, um den Weg aus ihm herauszufinden.

Anekdoten berichten, dass Indigene verständnislos den Kopf schüttelten, als ihnen Missionare vom gekreuzigten Jesus erzählten. Es war unfassbar für sie, dass Menschen ihren Gott töten würden. Seine Götter ehrt und preist man, errichtet ihnen Heiligtümer und bringt ihnen Gaben, denn sie sorgen für das Wohlergehen der Menschen. Zweifellos würde eine solch unerhörte Handlung den Menschen ihre Lebensgrundlage entziehen, weil ihre Beziehung mit den Bewohnern der »oberen Welt« nun so schwer gestört wäre, dass jene ihnen die Unterstützung versagen würden.

Die Parallele zu dem, wie wir die Erde behandeln, drängt sich auf, ist sie doch ebenfalls göttlich, die Verkörperung von *Pachamama*, Mutter der Raumzeit. Was tun wir ihr und der unteren Welt in ihrem Inneren an, auf deren Wohlwollen wir ebenfalls angewiesen sind? Es **ist eindeutig so, dass beides in Unordnung ist, die Beziehung von uns Menschen mit der Erde und mit dem Himmel!**

Offensichtlich hat das eine mit dem anderen zu tun. Das göttlich Weibliche hat man versucht abzuschaffen, sei es die strahlende, liebende Himmelsgöttin oder die große, nährende und gebärende Erdmutter. Doch auch mit dem männlichen Aspekt des Göttlichen ist man nicht immer gerade zimperlich umgegangen, wie obige Geschichte zeigt. Geblieben ist eigentlich nur noch die Angst vor dem allmächtigen strafenden Gott (und dem Tod als ultimative Strafe), die uns noch daran hindert, uns überhaupt nicht mehr um höhere Wesen zu scheren oder sogar deren Existenz abzustreiten. Die männliche Schöpfergottheit wurde unser Vorbild als ein Alleinherrscher, der uns zwar auf eine zweifelhafte Weise liebt, uns aber auch kleinhalten will (vor allem das Weibliche). Er kann uns willkürlich gut oder schlecht behandeln, so dass wir auf seine Gnade angewiesen sind. Wir aber sollen nach seinem Moralkodex leben, den er aufs Genaueste überwacht. Kein Wunder, dass wir uns dagegen auflehnten und selbst Gott im Sinne von allmächtig sein wollten! Nach wie vor regiert das fehlgeleitete und vom Weiblichen abgetrennte göttlich männliche Prinzip. Mittlerweile ist den Möchtegerngöttern, die Macht durch Besitz erlangen wollen, nichts auf der Erde mehr heilig, – so paradox das auch klingen mag.

Damit sind wir bei dem angelangt, was der verbindende Faktor zwischen unserer schwer gestörten Beziehung mit dem Himmel wie der Erde ist: der Verlust des Heiligen. Wiederfinden können wir es jedoch nur, wenn wir uns als beseelte Wesen der *Erde* zuwenden.

Verliert sie ihre Göttlichkeit, so verkümmert unser Sinn für das Heilige an sich, der sich durch die unmittelbare Begegnung mit ihr herausbildet. Durch die Wahrnehmung des Heiligen in der *sichtbaren materiellen* Welt bekommen wir eine Ahnung von der Anwesenheit einer *unsichtbaren* Welt, die auf die sichtbare einwirkt und umgekehrt. So weitet sich unser Horizont dafür, dass es noch andere Welten »oberhalb« und »unterhalb« von uns gibt, die mit »dieser Welt« in Austausch stehen. **Dem Heiligen einen Platz in unserem Leben einzuräumen ist also entscheidend für die Heilung unserer Beziehung sowohl mit der Erde als auch mit dem Himmel.**

Das Heilige ist schwer zu fassen oder zu definieren. Genau wie das Schöne kann es nur von der Seele empfunden werden, und sie sucht es auch. Es löst ehrfürchtiges Staunen aus, denn es ist ungewöhnlich und wundersam, was heißt, dass es von unserem Verstand nicht zu begreifen ist. Es wohnt ihm eine besondere Schönheit inne, die jenseits unseres Vorstellungsvermögens liegt. Kräfte sind hier am Werk, die nicht von uns kontrollierbar sind und etwas zu bewirken vermögen, wozu wir Menschen nicht imstande sind. Unschwer zu erkennen, dass es keinen Platz in einer Welt hat, in der größenwahnsinnige Menschen Gott spielen wollen. Es *muss* ihnen geradezu ein Dorn im Auge sein! So ist es naheliegend, dass die Bedürfnisse der Seele in unserer Gesellschaft zunehmend als überflüssig oder gar störend angesehen werden.

In unserem Kontrollwahn haben wir die Seele an den Rand gedrängt und werden immer mehr darauf getrimmt, menschliche Maschinen mit einer standardisierten Lebensweise zu werden. Angst ist das Mittel, um uns von der Richtigkeit dessen zu überzeugen, und

Angst liegt immer an der Wurzel von Gewalt. Es ist letzten Endes
immer noch die gleiche alte Angst davor, nicht genug zu haben oder
dass andere mehr haben und deshalb Macht über uns ausüben könnten. Wie wir jemals auf die Idee gekommen sind, dass Besitz Macht
bedeutet, hängt wiederum mit dem Heiligen zusammen und wird
uns gleich noch weiter beschäftigen. Doch bleiben wir zunächst noch
bei den Folgen der seelischen Armut unserer Lebensweise.

Rücksichtslosigkeit und Vermessenheit gedeihen bestens auf dem
Nährboden des kollektiven Seelenverlustes, den wir gegenwärtig
erfahren, genauso wie Resignation und Selbstabwertung am anderen
Ende des Spektrums. Je mehr dieser Mangel an Beseeltheit um sich
greift, desto mehr wird er wahrlich lebensbedrohlich für uns. Aus
der schamanischen Heilungspraxis wissen wir, dass die Diagnose
eines Seelenverlustes zu Anfälligkeit für Krankheiten und Depres-
sion führt und letztlich zu einer unbewussten Tendenz, sich aus dem
Leben zu verabschieden.

**Selbstdestruktives Verhalten geht demnach auf einen Verlust
an Beseeltheit zurück, also auf das, was uns auch das Gespür für
das Heilige raubt, das ich als eine zutiefst menschliche Eigenschaft
ansehe.** Unser gewalttätiger Umgang mit der Erde ist eine folgen-
schwere Konsequenz dieser selbstzerstörerischen Tendenz. Wir meinen, zu unserem Vorteil das Maximale aus ihr herausquetschen zu
können und zerstören dabei unsere eigene Lebensgrundlage. Weil
wir Pachamama nicht mehr als lebendiges und beseeltes Wesen
betrachten, geschweige denn als ein göttliches, glauben wir mit ihr
machen zu können, was wir wollen. Zu verdinglichen, statt zu per-
sonifizieren macht es viel leichter, Gewalt auszuüben!

Das Heilige ist also weitgehend abgeschafft; es lebt höchstens noch
in der pervertierten Form eines Kultes um persönlichen Besitz weiter,
den man so sorgfältig hütet, wie es eigentlich nur heiligen Gegenstän-
den und Orten gebührt. Mit dieser Feststellung sind wir den Ursprüngen unserer Besessenheit nach Besitz auf die Spur gekommen. Heilige
Gegenstände oder Orte wurden und werden in menschlichen Gesellschaften seit jeher von besonders dafür qualifizierten Menschen mit

hoher persönlicher Integrität (den Eingeweihten) gehütet, sind also nicht jederzeit und in jeglicher Weise für alle zugänglich. Der Grund dafür ist, dass nach der Auffassung dieser Kulturen das Wohlergehen der gesamten menschlichen Gemeinschaft davon abhängt, dass ihre Beziehung mit der unsichtbaren Welt, die offensichtlich im Heiligen auf die sichtbare einwirkt, in Ordnung ist. Das Heilige ist deshalb unantastbar. Eine Gesellschaft wie unsere, in der das Heilige nicht mehr gehütet wird, wäre demnach dem Untergang geweiht. Unvorstellbar, dass nur noch die wenigsten imstande sind, das Heilige in der Landschaft wahrzunehmen und ihm in angemessener Weise zu begegnen. Unfassbar, dass große heilige Stätten vergangener Kulturen von Touristenmassen zwar fotografiert, doch nicht geehrt und beschenkt werden, weil sie nicht als Pilger kommen.

Wohlgemerkt kann man heilige Orte oder Gegenstände nur hüten, nicht besitzen, denn sie *gehören* eigentlich den unsichtbaren Wesen, die ihnen ihre Kraft verleihen. Besitzen heißt, (nur) für sich selbst *haben und damit tun können, was man will,* – das verleiht Macht und erlaubt zugleich, sie zu missbrauchen. **Hüten heißt hingegen,** *liebevoll* **für etwas sorgen, und das ist uns abhandengekommen.** *Pachamama* selbst, die ja ein Ding geworden ist, bekommt kaum noch fürsorgliche Liebe von uns; hingegen benehmen wir uns wie ihre Besitzer, die sie beliebig ausbeuten können.

Indem wir im Zusammenhang mit unserem Machtstreben einseitig auf mentale Fähigkeiten gesetzt haben und zu beinharten Rationalisten geworden sind, haben wir dem Niedergang der Seele Vorschub geleistet und die Liebe selbst mit der Idee des Besitzens vergiftet. Wenn nur noch das Denken zählt, ist wenig Platz für das Herz, das nun als »primitiv« abgewertet wird. Statt die höchsten Fähigkeiten des menschlichen Herzens heranzubilden, versuchen wir es in den Hintergrund zu drängen. Doch das Herz ist unser Liebesorgan und das Tor zur Seele, das wir damit verschlossen haben!

Wollen wir es wieder öffnen, müssen wir das spirituelle Herz rehabilitieren. Wenn wir uns vertikal betrachten, befindet es sich in der Mitte zwischen oben und unten, dort, wo wir auf unserem Körper

hinzeigen, wenn wir sagen: »Ich«. Es trifft unsere Entscheidungen, ob
wir es wollen oder nicht. Trennen wir es von unserem Verstand und
halten das Herztor zur Seele verschlossen, werden wir wahrscheinlich schlechte, kurzsichtige Entscheidungen treffen. Mit einem vom
Kopf isolierten, in den Hintergrund gedrängten Herz fehlt uns Her-
zensweisheit und der Zugang zur Seele. Ihr enormer imaginativer
und kreativer Reichtum, der dem Leben Farbe und Geschmack gibt,
geht uns dann verloren. Also wäre es dringend notwendig, das spirituelle Herz wieder mit unserem Verstand in Verbindung zu bringen, doch nicht nur das. Es ist notwendig, dass von oben Geist in es
einfließen kann (der auch unseren Kopf durchdringt!), damit es an
Klarheit gewinnt. Von unten sollte es gut gestützt von der vitalen
Lebenskraft sein, die aus der lebendigen Erde kommt. Dann wird
es sich in ihrem Herzschlag geborgen fühlen und ihr im Gegenzug
Liebe geben wollen. Es wird kristallklar und mutig werden – beherzt,
wie man auch sagt. **Ein gesundes Herz erkennt man daran, dass
es freudig geben will,** und zwar aus der Tiefe einer Seele, die um
ihre Zugehörigkeit zur *Anima Mundi*, der Weltseele weiß und deshalb keine Angst haben muss, etwas zu verlieren oder nicht genug
zu bekommen. Mit einem solchen Herz müssen wir keinen Besitz
anhäufen, sondern teilen gerne. Über mehr zu verfügen, heißt nur,
mehr verschenken zu können!

Nur über das Herz können wir unsere Beziehung mit der Erde (und
mit dem Himmel) wieder in Ordnung bringen. **Die rechte Beziehung
ist eine heilige wechselseitige Beziehung:** Geben und Nehmen finden ein Gleichgewicht, so dass für alle gesorgt ist. Wir aber haben viel
zu lange von der Erde und unseren Mitwesen nur genommen und
ihnen nicht gegeben, was ihnen zusteht. Um das wieder auszuglei-
chen, müssen wir jetzt unser Verlangen nach mehr überwinden und
zu geben beginnen, und zwar mit einer Liebe, die nicht besitzergrei-
fend ist.

**Die Erde braucht jetzt mehr als alles andere diese *Liebe*, um sich
zu regenerieren und zu transformieren.** Und für uns ist es ein poten-

tes Heilmittel, sie an heiligen Orten, für die wir sorgen, in Liebe zu beschenken. So werden wir zu (neuen) Pilgern, denen es in erster Linie darum geht, die heilige Wechselseitigkeit wiederherzustellen. Wir werden sensibel für das Heilige und lernen wieder, wie man mit ihm umgeht. Dabei genest sowohl die menschliche Seele als auch die Seele der Landschaft, denn dieses rituelle Geben schafft jene Schönheit, die eben seelenvoll ist.

Jeder heilige Ort bringt Himmel und Erde näher zusammen und berührt unser Herz in der Mitte. Es ist Zeit zu erkennen, dass es weit mehr unsere Liebesfähigkeit als unser Denkvermögen ist, was uns als Menschen auszeichnet. Licht ist die Substanz der Schöpfung, doch Liebe ist ihr Antrieb und damit die stärkste Kraft im Universum.

Das Herz ist als Tor zur Seele unsere Hoffnung, denn es kann das Blatt wenden und uns dazu bewegen, unser Denkvermögen endlich heilbringend einzusetzen. Wenn Herz und Kopf geistvoll und geerdet zusammenspielen, werden wir *Schönes* hervorbringen können, das unserem göttlichen Funken gerecht wird. Jener ist in unserer innersten Seelenessenz zu finden und gibt uns *mit*schöpferische Fähigkeiten, mit denen wir dieser Erde und ihren Bewohnern *dienen* sollten, anstatt sie beherrschen zu wollen. Mit diesem Verständnis von uns selbst können wir *ihre* Göttlichkeit anerkennen und bestaunen, ohne dass dies unsere eigene Bedeutung schmälern würde, ganz im Gegenteil. Wenn wir uns wieder für den Geist öffnen, der durch sie feste Form angenommen hat, und das Herz wieder in den Mittelpunkt stellen, haben wir die Chance, unsere emotionale Unreife, die gepaart mit unseren mentalen Fähigkeiten so gefährlich ist, hinter uns zu lassen und die spirituelle Dimension unseres Seins ohne Machtphantasien zu pflegen.

Unsere unersättliche Gier nach mehr ist ein untrügliches Zeichen dieser emotionalen Unreife. Dabei ist unsere Angst, nicht genug zu haben, vollkommen unbegründet. Die Erde hat genug für all ihre Kinder; wir bräuchten uns nicht darum ängstigen. Ohne diese Angst gäbe es keinen Grund mehr, Kriege zu führen, schon gar nicht gegen die Erde selbst. Legten wir mehr Wert auf die spirituelle Ebene, bräuchten wir nicht so vom Materiellen besessen zu sein, das wir dennoch lieblos behandeln, weil uns die Erde nicht mehr heilig ist. Besitztümer als Statussymbole zu heiligen, würde überflüssig, wenn wir wieder liebevoll für das Heilige, das niemand von uns gehört, aber uns alle auf der tiefsten Seelenebene nährt, sorgen würden.

Mit der Rückkehr des verdrängten weiblichen Prinzips bahnt sich ein solcher Wandel an. Der göttlich weibliche Einfluss drängt nun zurück in die Welt, um sie nicht nur wieder ins Lot, sondern auch auf eine erweiterte Bewusstseinsebene zu bringen. Lassen wir ihn ein, werden wir begreifen, **dass wir liebend für die Erde sorgen sollen, ihre Schätze nähren und darauf vertrauen, dass sie uns gibt, was wir *wirklich* brauchen.** Das Prinzip des Profits auf Kosten anderer Wesen ist damit unvereinbar. Einiges, an dem wir verbissen festhalten, weil wir uns das Leben nicht mehr ohne es vorstellen können, werden wir wahrscheinlich aufgeben müssen, jedoch nur um eine neue Lebensqualität jenseits des rein Materiellen zu gewinnen.

So viel steht fest: Der tiefgreifende Wandel, der unumgänglich ist, kann nur stattfinden, wenn wir erkennen, **dass wir die gegenwärtigen Probleme nur lösen können, wenn wir die spirituelle Ebene mit einbeziehen und über das Herz die Seele wiederfinden.** Wissenschaftlich begründete ökologische Maßnahmen, die immer noch vom Profitdenken geprägt sind, werden es nicht vollbringen, aber auch nicht Initiativen für Biolandwirtschaft oder neue gemeinschaftlichere Lebens- und Wirtschaftsformen allein.

Eine mythische Vision, die aus einem neuen Verständnis von unserem Ursprung und unserer Bestimmung kommt, ist von vitaler Bedeutung, wenn wir die große Transformation schaffen wollen. Wir sollten den Mut dazu haben, uns bewusst für einen Mythos zu entscheiden, der uns den Weg in eine lichtvolle Zukunft weist, anstatt uns von unbewusst wirkenden und wenig erleuchteten Mythen der rationalen Gesellschaft beeinflussen zu lassen, wozu auch unsere Wissenschaftsgläubigkeit gehört. Wir lassen uns immer weiter in virtuelle Welten hineinziehen und vergessen, dass wir die Erde *berühren* müssen, um wieder zu Kräften zu kommen, doch Mythen halten wir für »unwahre alte Geschichten«.

Mythisches Bewusstsein personifiziert, spricht also von Wesen, nicht von Dingen. Dies ist charakteristisch für die Vorstellungswelt der Seele und bringt uns der rechten Beziehung zur göttlichen *Pachamama* näher. Ich bin damit beauftragt worden, hier in Europa einen Weltmythos, dessen Wurzeln noch in der Landschaft lebendig waren, neu zu beleben. So möchte ich die wesentlichen Aussagen, die ich hier in rationaler Sprache gemacht habe, zum Abschluss in mythische Sprache übersetzen.

Im neuen Mythos von Fanes in den Dolomiten bringt eine liebende Göttin einen unvergleichlich strahlenden Stein, genannt »Rayeta«, als Geschenk für die Menschen auf die Erde. Doch diese können noch nicht mit seiner Leuchtkraft umgehen. Letzten Endes verschwindet dieses Geschenk des Himmels in der *Erde*, von wo es zurückkehren wird, sobald wir reif für es geworden sind. Dafür müssen wir lernen, für etwas Kostbares zu sorgen, das uns nicht gehört: ein großes kristallenes Herz im Inneren eines heiligen Berges. Erst wenn es in ausreichendem Maße von uns genährt worden ist, kann das Juwel vereint mit dem riesigen Kristallherz in dieser Welt erscheinen und jeden Winkel von ihr ausleuchten. Ab dann wird es auch in und aus allen menschlichen Herzen strahlen.

Wenn wir uns von dieser Vision tragen lassen und *sie* tragen, verändert sich die Sichtweise von unserem Platz und unserer Aufgabe in der Welt grundlegend. Sie bringt eine wesentliche spirituelle Kurskorrektur mit sich, die dem göttlich Weiblichen den Weg zurück in diese Welt bahnt. Was dann auf uns wartet, ist weit mehr als Frieden mit der Natur!

 Waltraud Hönes ist zeremonielle Künstlerin, »Curandera«, transpersonale Psychologin und Buchautorin (*Seele der Landschaft* und *Das neue Pilgern – Begegnung mit der lebendigen Erde*), ist die Gründerin von Wayna Fanes, dem siebenfachen Weg des kristallenen Herzens. Sie lehrt in Form von zeremoniellen Workshops und Pilgerseminaren und sorgt zusammen mit ihrer Gruppe »Dolomiten Ayllu« für ein umfangreiches Netzwerk von heiligen Orten, dessen Kraft ihre Zeremonien für die Transformation der Beziehung von uns Menschen mit der lebendigen Erde speist.

www.waynafanes.org

FRIEDEN MIT DER NATUR SCHLIESSEN

Derrick Jensen

Übersetzung: Laura Spies

Jeder Krieg, der lange genug geführt wird, fühlt sich nicht mehr wie ein Krieg an, sondern wie ein wirtschaftlicher, religiöser, philosophischer oder einfach nur wie ein normaler Zustand.

Diese Kultur – die westliche Zivilisation – befindet sich seit mehreren Tausend Jahren im Krieg mit der Natur.

Der erste Schritt, um Frieden mit der Natur zu schließen, besteht darin, nicht nur anzuerkennen, dass gegen die Natur Krieg geführt wird, sondern auch die Länge und Breite und Grausamkeit dieses Krieges anzuerkennen; zu erkennen, dass es sich um einen totalen Krieg handelt, der keine Gefangenen macht und die andere Seite vernichtet; die Verachtung und den Hass zu erkennen, die diesem Krieg zugrunde liegen und ihn unterstützen; und zu lernen, die Rechtfertigungen und Rationalisierungen, die zu dieser Verachtung, diesem Hass und diesem Krieg führen, als das zu erkennen, was sie sind.

Unabhängig von den ideologischen, religiösen oder politischen Begründungen für Kriege werden die meisten Kriege geführt, um Ressourcen zu erobern: Land, Wasser, Nahrung, Energie, Rohstoffe der einen oder anderen Art. Das gilt sicherlich auch für den Krieg gegen die Natur. Es ist ein zentraler Punkt des Krieges gegen die Natur. Und er ist so normalisiert, dass er nicht einmal als »Ressourcenraub« betrachtet wird – ganz zu schweigen von der Massentötung

von Individuen und der Vernichtung von Lebensgemeinschaften –,
denn aus unserer Sicht gibt es, wenn keine Menschen involviert sind,
sowieso niemanden, von dem wir »Ressourcen rauben« könnten: Es
ist niemand zu Hause, und die »Ressourcen« – das Leben und die
Häuser der wilden Nichtmenschen – sind für uns da, damit wir sie
nehmen. Es ist kein Krieg, es ist »Entwicklung«. Es ist kein Krieg, es
ist einfach so, wie die Dinge sind. Es ist kein Krieg, es ist einfach nur
Wirtschaft.

Wir wundern uns oft, dass mancherorts ganz akribisch über
Greueltaten Buch geführt wurde: Haben sie sich nicht geschämt?
Aber das Bruttosozialprodukt ist nichts anderes als eine ebenso
akribische Aufzeichnung dieses Krieges auf dem Planeten; ein Maß
dafür, wie schnell der lebende Planet in tote Objekte umgewandelt
wird: Wälder in Kanthölzer in Waren, Fischschwärme in Fischstäb-
chen in Waren, lebende Berge in Kohle in Reichtum, lebende Flüsse
in Wasserkraft in Reichtum, lebende Böden in Mais und Sojabohnen
in Waren.

Und wie in jedem anderen Krieg waren die Orte, in die eingedrun-
gen wurde – die Wälder, die Ozeane, in denen die Fische schwam-
men, die Berge, die Flüsse, die Prärien – bereits die Heimat von anderen, deren Daseinsberechtigung wir nicht wirklich anerkennen, die
sogar nur dazu da zu sein scheinen, damit wir sie zerstören und ihre
Körper benutzen, um Geld zu verdienen.

In Kriegen ist es üblich, die Beschlagnahmung von Ressourcen zu
rechtfertigen, indem man diejenigen, deren Ressourcen man stiehlt,
als Untermenschen abstempelt. Dies wird zumindest manchmal als
die Propaganda wahrgenommen, die es ist. Aber niemand muss uns
propagieren, dass wir Nichtmenschen als »Untermenschen« wahrnehmen, denn die Propaganda hat sich so lange gehalten und ist so
normal, dass die meisten Menschen die Vorstellung, es handele sich
um Propaganda, für absurd halten. Nach dieser Denkweise ist der
Mensch das einzige fühlende Wesen auf dem Planeten, und das gibt
uns das Recht, uns zu nehmen, was wir wollen.

Bäume sind keine subjektiven Wesen mit Persönlichkeiten, mit Freunden, mit Verwandten, mit einem Leben, das für sie so wertvoll ist wie für dich das deine und für mich das meine. Insekten haben keine Gefühle. Flüsse verdienen keine Rücksicht. Die einzige Subjektivität und Empfindsamkeit, die wir zugestehen, sind eine Subjektivität und Empfindsamkeit, die der unseren jedoch kaum gleichkommt. Die Welt auf eine andere Weise zu betrachten – etwa nichtmenschliche Wesen als empfindungsfähig oder lebenswillig zu beschreiben – wird als Anthropomorphismus verspottet, als Projektion menschlicher Eigenschaften auf nichtmenschliche Wesen – als ob nur Menschen Empfindungsfähigkeit, Leid, Subjektivität, Liebe, Freude, Wut besitzen. Es ist jedoch scheinbar keine Projektion, wenn man Nichtmenschen maschinelle Eigenschaften zuschreibt, natürliche Gemeinschaften als »Ökosysteme« bezeichnet und sie nur mit mechanistischen Begriffen erklärt, obwohl Maschinen selbst Schöpfungen von Menschen sind. Die Projektion von Merkmalen menschlicher Schöpfungen auf die Natur wird nicht als Anthropomorphisierung (Vermenschlichung) betrachtet. Das ist sowohl praktisch als auch ironisch, denn sowohl die Aufklärung als auch die wissenschaftliche Revolution beruhen darauf, das Universum als eine riesige Maschine zu betrachten.

Wie wir die Welt wahrnehmen, hat Einfluss darauf, wie wir uns in der Welt verhalten. Wenn wir Bäume als Ressourcen wahrnehmen – als Dollar auf dem Baumstumpf –, werden wir sie auf die eine Art behandeln. Wenn wir Bäume als Bäume wahrnehmen, werden wir sie anders behandeln. Wenn wir diesen bestimmten Baum als diesen bestimmten Baum wahrnehmen, werden wir ihn noch anders behandeln.

Aber das Problem ist nicht nur eines der Wahrnehmung. Es ist funktional für eine bestimmte Reihe von sozialen Strukturen, die wir zusammen als *Zivilisation* bezeichnen, die als eine Lebensweise definiert werden kann, die durch das Wachstum von Städten gekennzeichnet ist (*Zivilisation* kommt von der Wurzel *civitas*, was Staat oder

Stadt [ummauerter Raum, *Anm. d. Hrsg.*] bedeutet), wobei Städte definiert sind als eine in so großer Zahl zusammenlebende Menschen, dass
sie den Import von Ressourcen benötigen.

Sobald man auf die Einfuhr von Rohstoffen angewiesen ist, geschehen zwei Dinge. Erstens: Die Stadt und die eigene Lebensweise erfordern einen Krieg gegen andere Menschen – wie alle Städte –, denn
wenn man die Einfuhr von Rohstoffen verlangt, wird der Handel
allein nie zuverlässig genug sein: Wenn die Menschen in der nächsten Region nicht mit einem handeln wollen, nimmt man sich, was
man benötigt. Zweitens erfordern Stadt und die eigene Lebensweise
einen Krieg gegen die Natur – wie alle Städte –, denn wenn man den
Import von Ressourcen benötigt, bedeutet dies, dass man die Landschaft dieser speziellen Ressourcen beraubt, was bedeutet, dass man
all diejenigen zerstört, die auf die eine oder andere Weise von diesen
»Ressourcen« abhängen, womit ich den Fluss, die Bäume, die Prärie,
die Wandertauben, den Riesenalk, die Eskimo-Brachvögel meine.

Nimm einen Zettel. Zeichne darauf einen mittelgroßen Kreis. Das
ist die Stadt. Zeichne nun einen viel größeren Kreis um die Stadt
herum. Das ist das Land, das die Stadt nutzt – und schädigt –, um ihre
physischen Bedürfnisse zu erfüllen. Innerhalb dieses Kreises nimmt
sie Ressourcen in Beschlag. Sie führt Krieg gegen die Natur innerhalb
dieses Kreises. Und so wie die Stadt wächst, so wie der innere Kreis
wächst, so wächst auch der äußere Kreis.

Woher bekommt zum Beispiel New York City (oder auch das alte
Rom oder Babylon) seine Lebensmittel, seine Bau- und Pflastermate-
rialien, sein Wasser, seine Energie? Diese Dinge kommen von irgendwo
anders, und diese anderen Orte waren die Heimat von jemandem.

Die Tatsache, dass dieser Jemand kein Mensch war, macht es
irgendwie okay, dass wir seine Häuser zerstören, dass wir ihn aus-
rotten, dass wir ihm das antun, was wir alle als Krieg gegen ihn
bezeichnen würden, wenn er ein Mensch wäre. Aber zum Glück für
uns sind sie das nicht, und so können wir so tun, als ob wir keinen
Krieg führen würden.

Aber wir tun es.

Ich höre so viele von uns – mich eingeschlossen – sagen: »Aber ich mag die Güter und Dienstleistungen, die diese Lebensweise uns bietet.«

Natürlich tun wir das. Wir haben Zugang zu enormen Annehmlichkeiten und Luxus. So ist das, wenn man von Kriegsbeute lebt.

Oder anders ausgedrückt: Das passiert, wenn man von allen anderen stiehlt. Stelle dir eine Nachbarschaft vor, in der eine Familie ungestraft von allen anderen stiehlt. Diese Familie leert die Bankkonten der anderen, geht in ihre Häuser und plündert ihre Kleiderschränke, leert ihre Kühlschränke. Wenn die anderen Familien verhungern, zieht diese Familie in ihre Häuser ein. Dieser Familie geht es gut!

Erst neulich habe ich gelesen, dass jemand für diese industrielle Lebensweise plädiert:»Ein energiereicher Lebensstil macht das Leben lebenswert.« Die Leute sagen so etwas ständig. Unmittelbar nach der Katastrophe von Fukushima sagte ein japanischer Beamter der Atomaufsichtsbehörde:»Ich glaube nicht, dass sich jemand ein Leben ohne Strom vorstellen kann.« Diese Reaktionen sind nicht überraschend. Die meisten Ausbeuter können sich ein Leben ohne die Vorteile ihrer Ausbeutung nicht vorstellen, und, was vielleicht noch wichtiger ist, sie können sich nicht vorstellen, dass irgendjemand anderes sich vorstellen könnte, weniger ausbeuterisch durchs Leben zu gehen als sie. Viele Sklavenhalter können sich ein Leben ohne Sklavenarbeit nicht vorstellen. Viele Zuhälter können sich ein Leben ohne die Prostitution von Frauen nicht vorstellen. Viele Missbrauchende können sich ein Leben ohne diejenigen, die sie routinemäßig missbrauchen, nicht vorstellen. Und viele Süchtige können sich ein Leben ohne ihre Suchtmittel nicht vorstellen, sei es Heroin, Crack, Fernsehen, Internet, Konsum, Macht, Wirtschaftswachstum, technologische Eskalation, Elektrizität oder industrielle Zivilisation.

Das Versagen der Vorstellungskraft, das hier am Werk ist, ist verblüffend, oder zumindest wäre es das, wenn wir uns durch unsere Abhängigkeit oder Versklavung von diesen Annehmlichkeiten und dem Luxus nicht bereits relativ gefühllos gemacht hätten. Aber die Menschheit hat fast ihr ganzes Leben ohne industriell erzeugte Elektrizität gelebt: Wir haben auf allen Kontinenten außer der Antarktis gelebt. Und in fast all diesen Zehntausenden von Jahren lebte die Mehrheit der Menschen nachhaltig und angenehm. Und vergessen wir nicht die vielen traditionellen indigenen Völker (also weitere fast 2 Milliarden Menschen), die heute ohne Strom leben. Dem japanischen Beamten fehlt es so sehr an Vorstellungskraft, dass er sich nicht einmal vorstellen kann, dass sie existieren.

Ich weiß nicht, ob die Menschen, die vor unserer technisch-industriellen Lebensweise gelebt haben, glaubten, das Leben sei nicht lebenswert. Auf jeden Fall sorgt diese Lebensweise heute dafür, dass ein Großteil des restlichen Planeten – mit den künftigen Menschen und Nichtmenschen – nicht leben kann.

Vor Jahrzehnten fragte ich einen hochrangigen Verwalter der US-Forstbehörde, wie sich die Politik der Forstbehörde ändern würde, wenn ihr klar würde, dass die industrielle Forstwirtschaft von Natur aus nicht nachhaltig ist, und er antwortete: »Sollen wir etwa in Lehmhütten leben?«

Es ist nicht so wichtig, was ich will oder nicht will. Entscheidend ist, dass diese Lebensweise den Planeten zerstört.

Vor fast sechzig Jahren hat Lewis Mumford gut beschrieben, warum sich so viele von uns nicht gegen die Ermordung des Planeten wehren. »Der Handel, den wir zu ratifizieren haben, hat die Form einer großartigen Bestechung… Jedes Mitglied der Gemeinschaft kann jeden materiellen Vorteil, jeden intellektuellen und emotionalen Anreiz, den es sich wünscht, in Anspruch nehmen, und zwar in Mengen, die bisher selbst für eine kleine Minderheit kaum verfügbar waren: Nahrung, Wohnung, schneller Transport, sofortige Kommunikation, medizinische Versorgung, Unterhaltung, Bildung. Aber unter einer Bedingung: Man darf nicht nur nichts verlangen, was das System nicht bereitstellt, sondern muss sich auch bereit erklären, alles zu nehmen, was angeboten wird, ordnungsgemäß verarbeitet und fabriziert, homogenisiert und gleichgeschaltet, und zwar genau in den Mengen, die das System und nicht der Mensch benötigt. Wenn man sich einmal für das System entschieden hat, hat man keine Wahl mehr.« Er fährt fort: »Wenn dieses technologische System erst einmal seine Macht gefestigt hat, mit Hilfe seiner neuen Formen der Massenkontrolle, seiner Palette von Beruhigungs- und Schlafmitteln und Aphrodisiaka, kann dann die Demokratie in irgendeiner Form überleben? Diese Frage ist absurd: Das Leben selbst wird nicht überleben, außer dem, was durch das mechanische Kollektiv geschleust wird.«

Was sollen wir also tun?

Sicher ist es ein Anfang, persönlich zu versuchen, Frieden mit der Natur zu schließen. Die wilde Natur – wilde Tiere, wilde Pflanzen, wilde Pilze, wilde Biome, alles ist wild – wird überall angegriffen. Schütze sie, wo du kannst, auch dort, wo du bist. Mache das Land, in dem du lebst, froh, dass du dort lebst. Gib ihm, was es braucht. Füttere es. Schließe Frieden mit ihm.

Der Wald, in dem ich lebe, ist ein Zufluchtsort für einheimische Arten. Diejenigen, die hier leben oder vorbeikommen, wissen, dass sie nicht von Menschen belästigt, verletzt oder getötet werden. Sie wissen, dass ich für sie sorge und sie willkommen heiße. Ich glaube, sie wissen, dass ich dafür gesorgt habe, dass dieser Schutz noch lange nach meinem Tod besteht und ich selbst für sie zur Nahrung werde.

Die Wilden reagieren, indem sie wachsen, sich vermehren und sich zeigen. Sie reagieren auf so wundersame Weise wie eine unterdrückte Gruppe von Menschen es tun würde, wenn sie von Mitgliedern der Ausbeuterklasse plötzlich freundlich behandelt wird. In der Woche, bevor meine Mutter an Krebs starb, erschien ein Bär, mit dem sie eine lange und freundschaftliche Beziehung hatte und der seit vielen Jahren nicht mehr aufgetaucht war, auf der Veranda meiner Mutter und blieb die ganze Woche, um mit mir die Totenwache für meine Mutter zu halten. Vor ein paar Wochen schenkten mir die Krähen eine glänzende Limonadendose.

Ich habe einen Freund, der Präriehunde rettet, deren Lebensraum zerstört werden soll, damit Platz für ein Einkaufszentrum, einen

Parkplatz oder einen Wohnkomplex geschaffen wird, oder einfach nur, weil wir in dieser Kultur kollektiv die Natur hassen.

Und es gibt einen weiteren Freund, der sich unermüdlich für die Rettung von Millionen von Hektar wilder Natur eingesetzt hat.

Und ein anderer, der nicht die Mittel hatte, Millionen zu retten, rettete eben zehn.

Du musst nicht auf dem Land leben. Ich habe eine Freundin in New York City, die einen Großteil ihrer Zeit und ihres Einkommens dafür aufbringt, Wildtiere im Central Park zu füttern. Ich habe Bilder von ihr gesehen, auf denen sie von Vögeln und Eichhörnchen umgeben ist, die jeden Tag auf ihre Ankunft warten.

Ein anderer Freund tut dasselbe für Raben, Enten, Schwäne, Lachse und Forellen in dem Dorf, in dem er in England lebt. Sie danken es ihm mit ihrer Anwesenheit und die Fische mit einem Sprung in die Luft.

Aber all das ist nicht genug. Wenn einzelne Römer mit einzelnen Galliern Frieden geschlossen hätten, wäre das nicht genug gewesen, um die römische Invasion zu stoppen. Wenn einzelne Deutsche mit einzelnen Tschechen Frieden geschlossen hätten, wäre das nicht genug gewesen, um die Deutschen im Zweiten Weltkrieg aufzuhalten. Und wenn ich mit dem Wald, in dem ich lebe, Frieden schließe – ganz gleich, wie sehr das den Krähen, Singvögeln, Lachsen, Geiern, Bären, Mammutbäumen und all den anderen und natürlich auch mir hilft – dann reicht das keineswegs aus, um den derzeitigen Krieg gegen die Natur zu beenden.

Vor Jahren las ich eine bemerkenswerte Begründung von George Monbiot, warum er die Kernenergie unterstützt: »Wie treiben wir sonst unsere Textilfabriken, Ziegelöfen, Hochöfen und elektrischen Eisenbahnen an – ganz zu schweigen von den fortschrittlichen industriellen Prozessen?«

Wie anders würde seine rhetorische Frage lauten, wenn wir nur ein paar Worte ändern würden: »Wie treiben die *Kapitalisten* ihre Textilfabriken, Ziegelöfen, Hochöfen und elektrischen Eisenbahnen an – ganz zu schweigen von den fortgeschrittenen industriellen Prozessen?«

Viel wichtiger als ein individueller Friedensschluss mit der Natur ist, dass wir unsere Identifikation mit dieser Kriegswirtschaft aufgeben und uns mit der wilden Natur solidarisieren. Es sind nicht *unsere* Ziegelöfen. Es sind *ihre*. Und es sind *unsere* Freunde, gegen die Krieg geführt wird. Es ist *unser – kollektiver*, also alle Arten umfassender – Planet, der zerstört wird, und nicht irgendeine Natur da draußen, von der wir stehlen können.

Wir müssen uns mit der wilden Natur verbünden, unser Los mit dem lebendigen Planeten teilen und anfangen, die wilde Natur aktiv zu unterstützen.

Wir müssen uns dem Widerstand anschließen. Wir müssen diejenigen stoppen, die diesen vieltausendjährigen Krieg führen.

Ich weiß, das klingt beängstigend, und das ist es auch, aber nicht beängstigender als das, was diese Kultur dem Planeten antut. Und ich weiß, es klingt seltsam, aber das sollte es nicht: Wenn Außerirdische aus dem Weltraum kämen und diesem Planeten das antun würden, was diese Kultur diesem Planeten antut – das Klima verändern, die Ozeane leersaugen, alle Flüsse aufstauen, die Wälder abholzen, die gesamte Landschaft verpesten und sogar die Muttermilch vergiften, jeden überall mit Nervengiften und endokrinen Disruptoren verseuchen – dann wüssten wir genau, was zu tun ist.

Kriege gewinnt man, indem man die Fähigkeit des Gegners, Krieg zu führen, vernichtet. Mit welchen Mitteln führt diese Kultur einen Krieg gegen die Natur, und welche Schritte sind erforderlich, um diese Mittel zu zerstören? Was tut die Natur gerade jetzt, um diese Mittel zu zerstören? Was tun Pflanzen und Tiere, Stürme, Überschwemmungen und Erdbeben, um die Zivilisation daran zu hindern, die Fähigkeit des Planeten, Leben zu erhalten, zu zerstören? Und was kannst du tun, um nicht nur so viele wilde Orte und wilde Wesen zu schützen, wie du kannst – einzeln und gemeinsam mit anderen – sondern was kannst du tun, um dich mit diesen wilden Wesen und Prozessen zu verbünden und sie zu unterstützen, die ihr Bestes tun, um diejenigen aufzuhalten, die diesen schrecklichen Krieg führen?

 Derrick Jensen ist ein US-amerikanischer Autor und Umweltaktivist. Bekannt ist er unter anderem für sein Werk *Schöner grüner Schein – Warum »grüne« Technologien derselbe Irrweg in Grün sind.* Jensen unterrichtete Kreatives Schreiben an der Eastern Washington University und in der Strafanstalt Pelican Bay State Prison. Er betont den fundamentalen Gegensatz zwischen der modernen Industriegesellschaft und einer gesunden Beziehung zur Lebenswelt und den indigenen Völkern.

https://derrickjensen.org

Instandsetzen, Wiederherstellen, Wiedervereinen

Ein Aufruf zum Handeln bei Weltuntergang

Lierre Keith

Übersetzung: Andreas Lentz

Vor zwölftausend Jahren begann der Krieg gegen die Erde. An vielleicht vierzehn Orten begannen die Menschen, die Welt zu zerstören, indem sie die Landwirtschaft einführten. Du musst begreifen, was Landwirtschaft ist: Man nimmt ein Stück Land, rodet alles Lebendige – bis hin zu den Bakterien – und bepflanzt es dann für die menschliche Nutzung. Täusche dich nicht: Landwirtschaft ist biotische Säuberung.

Das ist nicht Landwirtschaft an einem schlechten Tag oder eine schlecht betriebene Landwirtschaft, sondern genau das, was Landwirtschaft tatsächlich ist: die Ausrottung von Lebensgemeinschaften für eine Monokultur für Menschen. An dem Tag, an dem dies begann, lebten vielleicht fünf Millionen Menschen auf der Erde – und so hätte es bleiben können –, aber heute sind es über acht Milliarden.

Das Ende ist in den Anfang hineingeschrieben. Wie der Geologe David R. Montgomery feststellt, halten sich Agrargesellschaften »800 bis 2.000 Jahre, […] bis der Boden erschöpft ist«. Fossile Brennstoffe haben sowohl die Ausrottung als auch die Monokultur enorm beschleunigt – die menschliche Bevölkerung hat sich durch den durch die »Grüne Revolution« geschaffenen Überschuss vervielfacht, aber das kann nur vorübergehend sein. Endliche Mengen haben die unangenehme Angewohnheit, irgendwann zu Ende zu sein.

Der Name für diese Erschöpfung ist Rückgang, und die Landwirtschaft ist im Wesentlichen ein allmähliches Ausbluten der Böden und der Schwund von Arten, Biomen und letztlich des Lebens selbst. Die Evolution der Wirbeltiere ist wegen des Mangels an Lebensraum zum Stillstand gekommen. Allein in Iowa, wo der Lebensraum mit Gewalt in Besitz genommen wurde, wird jedes Jahr das Energieäquivalent von 4.000 Nagasaki-Bomben verbraucht. Landwirtschaft ist im eigentlichen Sinne eine Politik der verbrannten Erde, weshalb der Permakulturwissenschaftler Toby Hemenway und der Umweltschriftsteller Richard Manning denselben Satz geschrieben haben: »Nachhaltige Landwirtschaft ist ein Oxymoron.« [Ein Oxymoron ist ein Widerspruch in sich. *Anm. d. Ü.*] Um Manning ausführlich zu zitieren: »Kein Biologe oder sonst jemand könnte ein Regelwerk entwerfen, das Landwirtschaft nachhaltig macht. Nachhaltige Landwirtschaft ist ein Oxymoron. Sie beruht größtenteils auf einem unnatürlichen System von einjährigen Gräsern, die in einer Monokultur angebaut werden, einem System, das die Natur nicht aufrechterhält oder überhaupt als natürliches System wahrnimmt. Wir halten sie mit Pflügen, Petrochemikalien, Zäunen und Subventionen aufrecht, weil es sonst keine andere Möglichkeit dafür gibt.«

Die Landwirtschaft ist es, die das menschliche Gebilde namens Zivilisation hervorbringt. Zivilisation ist nicht dasselbe wie Kultur – alle Menschen schaffen Kultur. Eine Kultur ist im Großen und Ganzen die Gesamtheit der Bräuche, Traditionen und Werte, die einer Gruppe von Menschen eigen sind. Zivilisation hingegen ist das Wort für eine bestimmte Lebensform: Menschen, die in Städten leben. Die meisten Definitionen von »Stadt« nennen Sesshaftigkeit, Bevölkerungsdichte und Arbeitsteilung als hervorstechende Merkmale davon. Seltener wird die Tatsache erwähnt, dass dort Menschen in so großer Zahl leben, dass sie Ressourcen importieren müssen: Stadtbewohner brauchen mehr, als das bewohnte Land ihnen geben kann. Nahrung, Wasser und Energie müssen von woanders kommen. Von diesem Punkt an spielt es keine Rolle mehr, welche schönen, friedliebenden Werte die Menschen in ihren Herzen tragen. Die Gesellschaft ist auf Imperialismus und Völkermord angewiesen, weil niemand bereit ist, sein Land, sein Wasser, seine Bäume herzugeben. Aber da die Stadt ihr eigenes Land aufgebraucht hat, muss sie sich das alles von woanders holen. Das sind die letzten 10.000 Jahre in ein paar Sätzen. Das Muster ist immer und immer wieder das gleiche. Es gibt ein aufgeblähtes Machtzentrum, das von eroberten Kolonien umgeben ist, aus denen es sich nimmt, was es will, bis es schließlich zusammenbricht.

Der Schrecken des Militarismus und der Sklaverei beginnt mit der Landwirtschaft. Landwirtschaftliche Gesellschaften werden militarisiert – und zwar immer – und das aus drei Gründen. Erstens schafft die Landwirtschaft einen Überschuss, und wenn dieser gelagert werden kann, kann er auch gestohlen werden. Also muss der Überschuss geschützt werden. Die Menschen, die das tun, werden Soldaten genannt.

Zweitens bedeutet der damit einhergehende Rückgang der Bodenfruchtbarkeit, dass die Agrarier immer mehr Land, mehr Boden und mehr Ressourcen brauchen. Sie brauchen eine ganze Klasse von Menschen, deren Aufgabe der Krieg ist; die gewaltsame Aneignung von Land und Ressourcen – Landwirtschaft macht das möglich und unvermeidlich.

Drittens: Landwirtschaft ist Schwerstarbeit. Damit man Freizeit hat, braucht man Sklaven. Im Jahr 1800, als das Zeitalter der fossilen Brennstoffe begann, lebten drei Viertel der Menschen auf diesem Planeten in Sklaverei, Schuldknechtschaft oder Leibeigenschaft. Gewalt ist die einzige Möglichkeit, so viele Menschen zu versklaven und in Knechtschaft zu halten. Wir haben das weitgehend vergessen, weil wir inzwischen mit Öl und Kohle betriebene Maschinen einsetzen, um diese Arbeit für uns zu erledigen.

Die Symbiose von Technik und Kultur ist das, was Lewis Mumford »Technisierung« nannte. Ein soziales Milieu schafft spezifische Techniken, die ihrerseits die Kultur prägen. Mumford schreibt: »[Eine] neue Konfiguration von technischer Erfindung, wissenschaftlicher Beobachtung und zentralisierter politischer Kontrolle [...] führte zu der besonderen Lebensform, die wir heute ohne Übertreibung als Zivilisation bezeichnen können. [...] Die neue autoritäre Technik war nicht durch dörfliche Bräuche oder menschliche Gefühle begrenzt: Ihre gewaltigen Leistungen der mechanischen Organisation beruhten auf rücksichtslosem physischem Zwang, Zwangsarbeit und Sklaverei, die Maschinen hervorgebracht haben, die in der Lage sind, Tausende von Pferdestärken zu entwickeln, Jahrhunderte nachdem Pferde angeschirrt oder das Rad erfunden wurde. Diese zentralisierte Technik [...] schuf komplexe menschliche Maschinen, die aus spezialisierten, standardisierten, austauschbaren und voneinander abhängigen Teilen bestehen – die Arbeitsarmee, die militärische Armee, die Bürokratie. Diese Arbeitsarmeen und militärischen Armeen steigerten die menschliche Leistungsfähigkeit enorm: zuerst im Bau durch Massen von Arbeitern, danach in der Massenvernichtung, beide in einem bis dahin unvorstellbaren Ausmaß.«

Technik ist in ihren Auswirkungen alles andere als neutral oder passiv: Pflugscharen erfordern Armeen von Sklaven, sie zu bedienen, und Soldaten, sie zu schützen. Die Technik, die die Zivilisation darstellt, hat von Anfang an Eroberungswaffen erforderlich gemacht. »Der Ackerbau verbreitete sich durch Völkermord«, schreibt Richard Manning. Die Zerstörung des europäischen Cro-Magnon – der Kultur, die uns Lascaux hinterlassen hat – dauerte vielleicht 300 Jahre und wurde von Bauern und Soldaten aus dem Nahen Osten vollendet. Das Einzige, was zwischen den beiden Kulturen ausgetauscht wurde, war Gewalt. »Alle gefundenen Artefakte sind Waffen«, schreibt der Archäologe T. Douglas Price mit seinen Kollegen, »und es gibt keinen Grund zu der Annahme, dass sie ohne Gewalt ausgetauscht wurden.«

Waffen sind Werkzeuge, die Zivilisationen schaffen, denn die Zivilisation ist selbst Krieg. Ihre grundlegendste materielle Aktivität ist der Krieg gegen die lebende Welt, und wenn Leben zerstört wird, muss der Krieg sich ausbreiten. Die Ausbreitung findet nicht nur geographisch statt, wenngleich dies sowohl unvermeidlich als auch katastrophal ist und biotische Gemeinschaften in ausgeweidete Kolonien und souveräne Menschen in Sklaven verwandelt. Die Zivilisation durchdringt auch die Kultur, denn die Waffen sind nicht nur eine Technik – das ist ein Werkzeug nie. Techniken beinhalten jene umgestaltende Kraft, die in der Folge nahtlos soziale Institutionen und entsprechende Ideologien schafft. Diese Ideologien sind entweder autoritär oder demokratisch, hierarchisch oder egalitär. Techniken sind niemals neutral. Oder, wie der Pionier der Ökopsychologie Chellis Glendinning mit sparsamer Eloquenz schreibt: »Alle Technologien sind politisch.« Die technischen Errungenschaften der herrschenden Kultur – vom ersten Pflug bis zum aktuellen iPhone – werden uns niemals einen lebendigen Planeten bescheren.

Wir müssen das Problem beim Namen nennen, um es aufzuhalten. Kognitiv ist das keine Herausforderung, doch ich muss zugeben, dass es emotional anstrengend und politisch selbstmörderisch ist. Trotzdem: Die Zivilisation ist nicht nachhaltig. Der Niedergang wird im Zusammenbruch enden. Das ist immer so. Jedes Mal. Wenn man mehr Holz verbraucht, als in einem Wald nachwachsen kann, wird der Wald irgendwann verschwunden sein. Wenn man Fische schneller wegfängt, als sie sich vermehren, wird der Fluss eines Tages nur noch aus Wasser und Leid bestehen.

Und dann gibt es Dinge, die sich nicht vermehren. Dinge wie Öl. Dinge wie Kohle. Sie zu nutzen bedeutet, sie zu verbrauchen. Das kann nur Verminderung bedeuten. Man kann Berge in die Luft sprengen, um an die letzten Vorräte zu gelangen, aber dann verbraucht man nicht nur Kohle, sondern auch Berge, und am Ende des Tages ist sie trotzdem alle.

Das ist keine Differentialgleichung. Es ist nicht einmal Algebra. Es ist einfache Arithmetik. Wenn man einen Planeten hat, eine Luftschicht, eine Wiege aus Erde, einen Ort, den man Heimat nennt, und man zerstört ihn: eins minus eins.

Unser Planet will, dass wir das berücksichtigen. Doch dazu scheint keiner bereit zu sein. Wir können einen Menschen auf den Mond schießen, aber eins minus eins können wir nicht rechnen. Unser Planet braucht uns, um es mit den Worten des unnachahmlichen James Howard Kunstler zu sagen, als »realitätsbewusste Erwachsene«. Wir können die drohende Apokalypse nur aufhalten, wenn wir bereit sind, uns den Tatsachen zu stellen. Und dann, wenn wir uns den Tatsachen stellen, liegen die Lösungen direkt vor uns. Ein großer Teil von eins minus eins ist eigentlich eins plus eins. Wir müssen über die menschliche Bevölkerung sprechen. Die Menschen haben Angst vor diesem Thema, aber das muss nicht sein. Dreiunddreißig Länder haben bereits ein stabiles oder negatives Bevölkerungswachstum. Es ist also machbar. Und die wichtigste Maßnahme, die wir ergreifen können, um die Geburtenrate zu senken?

Bringt den Mädchen das Lesen bei. Das war's. Wenn Mädchen und Frauen auch nur so viel Macht über ihr Leben haben, entscheiden sie sich dafür, weniger Kinder zu bekommen.

Wir sollten uns sowieso um sie kümmern, wenn wir um die Menschenrechte besorgt sind, denn Mädchen zählen als Menschen. Der einzige Weg nach vorne ist, sicherzustellen, dass Mädchen zählen. Es geht also nicht um Menschen versus den Planeten, und das tat es nie. Es geht um die Menschen *und* den Planeten.

Unser lebendiger Planet kann gerettet werden. Es gibt kein physisches Hindernis, das im Weg steht. Wir müssen nicht gegen Gesetze der Physik oder Chemie handeln. Im Laufe von zwei oder drei Generationen könnten wir im Sinne der Menschenrechte unsere Zahl auf ein erträgliches Maß reduzieren und gleichzeitig instandsetzen, was wir zerstört haben. Wenn wir einfach beiseiteträten, wenn wir aufhörten, uns zu nehmen, was uns nicht gehört, dann würden die Wälder und das Grasland, die Feuchtgebiete und die Flüsse wiederkommen. Denn das Leben will leben. Mit aller Macht will es leben.

Und wir könnten ihm helfen. Wir könnten bei der Wiederherstellung aktiv werden. Und das sollten wir auch. Nicht nur, weil wir eine moralische Verpflichtung haben, sondern auch, weil es unsere einzige Hoffnung ist. Ja, die Notlage ist so groß wie das Land, das Meer und der Himmel. Und es gibt Menschen – anerkannte Wissenschaftler – die sagen, es sei zu spät, zu viele Kipppunkte seien erreicht und wir schlitterten in die Hölle, und ich verstehe nicht, wie unsere Herzen das aushalten. Ich weiß nur, dass ich nicht aufgeben werde.

Wenn wir 75 Prozent der Grasflächen der Erde wiederherstellen würden, würde der atmosphärische Kohlenstoffgehalt in weniger als 15 Jahren auf 330 ppm sinken. Das ist deutlich unter der roten Linie von 350.

Es ist noch nicht zu spät. Die Gräser können es in Ordnung bringen. Denn das tun Gräser: Sie bauen den Boden auf, und ihr Baustein ist Kohlenstoff. Und es sind nicht die Gräser allein – es ist die Gemeinschaft, die die Gräser schafft. Es sind die Bakterien und die Mykorrhiza, die Wiederkäuer und die Beutegreifer. Sie alle sind Teil voneinander. Indem sie essen, tragen sie dazu bei, mehr hervorzubringen. Und am Ende, wenn wir gegessen werden, sind wir auch wieder dabei. Genau das passiert, wenn Wiederkäuer und Gräser zusammenarbeiten: Die Welt erwacht wieder zum Leben. Der Boden bindet Kohlenstoff, der Regen kann in den Boden eindringen, der Grundwasserspiegel kann steigen und die Bäche speisen, die Fische können zum Laichen zurückkehren und den Wald ernähren, der wiederum den Bach beschattet, damit die Fische überleben können. All das ist ein Kreislauf, und für all das müssen wir aufhören, es zu zerstören.

Darin liegt also meine ganze Hoffnung: in den Mädchen und den Gräsern.

Und das ist mein Aufruf zum Handeln: instandsetzen, wiederherstellen, wiederverbinden. Setzt die kaputten Flüsse instand, den ausgelaugten Boden, die durch Sadismus zerrissenen menschlichen Verbindungen.

Wiederherstellen: Stellt die Gräser und ihre tierischen Verwandten wieder her, von den majestätischen bis zu den mikroskopisch kleinen, und stellt die Rechte wieder her, die jedem Menschen innewohnen, egal wie klein oder ob braun oder weiblich. Sie ist wichtig. Sie tut es.

Und sich wieder vereinen. Wieder als gleichberechtigte Teilnehmer zusammenkommen, um nie wieder zu beherrschen, nicht den Planeten und nicht einander. Ist das wirklich so schwer?

Natürlich, ja, wir haben es mit eingefahrenen und globalen Macht-systemen zu tun, die vor Zerstörungswut nur so strotzen. Als man die Umweltphilosophin Kathleen Dean Moore fragte: »Was kann ein Einzelner tun?« war ihre Antwort: »Sei nicht bloß ein Einzelner.« Und damit hat sie genau Recht. Wir brauchen organisierten politischen Widerstand. Das Einzige, was diese Systeme zum Einsturz bringen kann, ist, dass wir uns alle erheben.

Wie müde du auch sein magst, dein Herz schlägt noch. Hör auf dein Herz. Was auch immer du tun magst – für die Demokratie, für die Menschenrechte, für die Tiere und die Erde, für die Mädchen und die Gräser –, es ist eine heilige Aufgabe. Denn das Leben selbst steht jetzt auf dem Spiel. Wenn der Ruf deines Herzens zur Arbeit deiner Hände wird, kann genau das das Gleichgewicht wieder in Richtung Leben kippen lassen. Gib also niemals auf.

Du liebst etwas, sonst würdest du dieses Buch nicht lesen. Was auch immer du liebst, es ist in Gefahr. Aber »lieben« ist ein Tuwort. Möge dieses Lieben uns zum Handeln bringen.

 Lierre Keith ist eine US-amerikanische Autorin, Umweltakti-vistin und Sprecherin. Bekannt ist sie für ihre kritische Beleuchtung der ökologischen und ethischen Aspekte der vegetarischen Ernährung. Sie ist eine prominente Stimme in der Umweltbewegung und betont die Bedeutung einer nachhaltigen Landwirtschaft und des ökologischen Gleich-gewichts. Keith setzt sich leidenschaftlich für den Umwelt-schutz und die Förderung einer gesunden, nachhaltigen Ernährung ein. Ihr Werk und ihre Ansichten haben in der Umweltdebatte eine bedeutende Rolle gespielt. Sie ist Co-Autorin des Buches *Schöner grüner Schein – Warum »grüne« Technologien derselbe Irrweg in Grün sind*.

https://lierrekeith.com

FRIEDEN MIT DER NATUR

Satish Kumar

Übersetzung: Laura Spies

Wenn wir an *Natur* denken, denken wir an Wälder, Bauernhöfe, Flüsse, Berge und Tiere. Wir denken nicht an den Menschen als integralen Bestandteil von ihr. Wir trennen den Menschen von der Natur. Diese Trennung zwischen Mensch und Natur ist ein grundlegendes Missverständnis und die eigentliche Ursache der ökologischen Krise.

Was ist Natur? Wörter wie »natal«, »nativ«, »nativity« und »Natur« entstammen derselben Wurzel. All diese Wörter haben mit Geburt zu tun. Als die Europäer am Weihnachtstag, dem Geburtstag von Jesus Christus, in Südafrika landeten, tauften sie diese Stadt Natal!

Wer und was auch immer geboren wird, ist Natur. Der Mensch wird geboren, also sind auch wir Natur. Wir sind ebenso sehr Natur wie Bäume, Vögel und Schmetterlinge Natur sind.

Ob Menschen oder Tiere, Wälder oder Blumen, Berge oder Sanddünen – die Natur besteht aus denselben vier Elementen: Erde, Luft, Feuer und Wasser. Das Wort *human* (dt.: Mensch) ist verwandt mit »Humus«. Und Humus bedeutet auf Lateinisch »Erde«. Der Mensch ist buchstäblich ein Bodenwesen. Es gibt also keinen Unterschied zwischen der Natur und dem Menschen. Um Frieden mit der Natur zu schließen, müssen wir begreifen und erkennen, dass Natur und Mensch eins sind. Der Mensch ist nicht von der Natur getrennt. Wir *sind* Natur.

Es gibt noch ein zweites Missverständnis. Es wird oft geglaubt, dass Bewusstsein eine rein menschliche Eigenschaft sei. Der Mensch habe Bewusstsein, aber der Rest der Natur sei nur eine Ansammlung unbelebter Objekte. Viele Menschen denken, dass die Erde ein toter Felsen und die Natur eine Maschine sei. Deshalb sei der Mensch der Natur überlegen und könne mit ihr machen, was er will. Die Natur sei lediglich ein Objekt, das zum Nutzen des Menschen ausgebeutet wird. Die Natur sei lediglich eine Ressource für die Produktion von Gütern, die von den Menschen konsumiert werden. Die Natur sei nur ein Mittel zum Zweck. Der Zweck ist hier Wirtschaftswachstum, industrielle Expansion und Gewinnmaximierung.

Um Frieden mit der Natur zu schließen, müssen wir diese beiden groben Missverständnisse korrigieren. Wir müssen unsere Annahmen revidieren. Das Ziel sollte sein, die Unversehrtheit der Natur zu bewahren und die Würde des Menschen zu stärken. Die Wirtschaft, die Industrie, das Geld, das Geschäft, der Gewinn, die Produktion und der Konsum sind alles Mittel zum Zweck. Das Endergebnis der Wirtschaft sollte darin bestehen, das Wohlergehen des gesamten Planeten Erde, einschließlich des menschlichen Wohlergehens, zu gewährleisten. Der Mensch ist ein integraler Bestandteil des Planeten Erde.

Wir müssen erkennen, dass die Natur bewusst und intelligent ist. Die Natur ist lebendig. Die Erde ist ein lebendiger Organismus. Sie ist *Gaia*, *Anima Mundi*. Meere, Wälder und Tiere sind unsere Vorfahren. Alle Arten, Menschen und andere, entstammen einer einzigen Quelle des Lebens. Wir alle haben denselben Ursprung. Die Wissenschaftler nennen es Urknall. Die Eingeborenen nennen es »den Großen Geist«. Die Geschichten, Mythen und Worte mögen sich von Kultur zu Kultur unterscheiden, aber die meisten von uns glauben, dass alle Lebensformen aus einer einzigen Quelle hervorgegangen sind.

In der wissenschaftlichen Vorstellung beginnt die Geschichte des Universums mit dem Urknall. Und was aus diesem Urknall hervorging, war eine einzige große Explosion von heißem Gas, das aus Energie und Materie bestand. Das Wort Energie kann auch als Bewusstsein verstanden werden. Bewusstsein und Materie entstanden also als ein vollständiges Ganzes, ungeteilt und undifferenziert. Im Laufe von 14 Milliarden Jahren hat die Evolution hart daran gearbeitet, diese Einheit von Energie und Materie in die Vielfalt zahlloser Arten und Formen zu verwandeln: Erde, Luft, Feuer und Wasser, Wälder und Berge, Insekten und Tiere und schließlich Menschen. Aus der Einheit des Urknalls entwickelte sich die Vielfalt des Lebens. All diese Lebensformen nennen wir »Natur«.

So hat sich das gesamte Universum entwickelt; es ist aus einem einzigen Ursprung hervorgegangen, aus der totalen Einheit von Energie und Materie. Was die Wissenschaftler als »Energie« bezeichnen, nennen Philosophen »Bewusstsein« und religiöse Menschen den »Geist«. Das Bewusstsein oder der Geist und die Materie koexistieren. Das eine kann nicht ohne das andere existieren. So tanzen Einheit und Vielfalt miteinander. Einheit ist nicht Gleichförmigkeit. Vielfalt ist nicht Trennung. So wie die Wolken der Ozeane viele Flüsse bilden, die schließlich wieder in Ozeane münden. In gleicher Weise entstehen alle Lebensformen aus Energie und Materie und verwandeln sich wieder in Energie und Materie zurück. Es ist der ständige Kreislauf des Lebens, die Reise von Geburt und Tod, eine Reise des ständigen Wandels. Geist und Materie stehen in einer ewigen und unendlichen Beziehung. Das eine existiert nicht ohne das andere. Formen verwandeln sich mit der impliziten Energie oder dem Bewusstsein.

Beziehung und Verbundenheit sind die grundlegende Realität des Lebens und des Daseins. Der buddhistische Philosoph Nagarjuna nannte es »wechselseitig bedingtes Entstehen«. In unserer Zeit nannte es der vietnamesische Zen-Lehrer Thich Nhat Hanh »Intersein«. Der hinduistische Weise Shankaracharya nannte es »Non-Dualität«. Der Wissenschaftler Einstein nannte es »Allgemeine Relativitätstheorie«. Werner Heisenberg nannte es »Quantenmechanik«. Sie verwenden zwar unterschiedliche Begriffe, aber im Grunde sagen sie, dass alles mit allem anderen zusammenhängt. Zusammengehörigkeit als Grundlage aller Existenz.

Wir sind alle aus einander gemacht. Wir sind alle miteinander verwandt und verbunden. Wir sind alle voneinander abhängig und interagieren miteinander. Die Tiere in den Wäldern, die Vögel am Himmel und die Menschen in den Städten sind Mitglieder der einen Erdfamilie. Der Kosmos ist unser Land. Der Planet Erde ist unser Zuhause. Die Natur ist unsere Nationalität. Und die Liebe ist unsere Religion. Es gibt keine Trennung zwischen Mensch und Natur. Die Natur ist heilig. Das Leben ist heilig. Ehrfurcht vor dem Leben, Liebe zum Leben und Mitgefühl füreinander sind die Grundprinzipien der Existenz. Gegenseitigkeit und Füreinanderdasein sind die beiden Hauptbestandteile des Universums. Unser ganzes Gedeihen und Aufblühen beruht auf Wechselseitigkeit.

Aber aus dem einen oder anderen Grund haben wir irgendwann in der Geschichte der Menschheit diesen Sinn für die Einheit in der Vielfalt verloren. Irgendwann in der Vergangenheit haben die Menschen ihren Sinn für das Heilige verloren. Sie begannen zu denken, die Berge, die Wälder und die Tiere da draußen seien die Natur. Wir Menschen seien von der Natur getrennt. Der Mensch stünde über der Natur und sei ihr überlegen. Deshalb könne der Mensch mit der Natur machen, was er will. Der Mensch müsse die Natur erobern und ausbeuten, die Geheimnisse der Natur stehlen und sie sich untertan machen.

Diese tragische Wendung führte zu dem Projekt der Industrialisierung, Urbanisierung und Mechanisierung. Die Industrie begann, die Wälder für kommerzielle Zwecke abzuholzen. Sie begann mit der Massentierhaltung, bei der die Tiere auf engstem Raum in kleinen Käfigen leben mussten. Diese Praxis hält bis heute unvermindert an. Tiere aus der Massentierhaltung wie Kühe, Schweine und Hühner erblicken nie das Licht der Welt. Sie werden unter grausamen Bedingungen geschlachtet. Das ist ein Krieg gegen die Natur.

Industrielle Ausbeuter begannen, Kohle, Öl und Gas abzubauen, um ihre Farmen und Fabriken zu betreiben und ihre Städte zu elektrifizieren. Produktion, Vertrieb und Konsum von Waren und Dienstleistungen wurden zum Markenzeichen von Fortschritt, Wohlstand und Entwicklung. Mehr Autobahnen und Autos, mehr Flughäfen und Flugzeuge, mehr Einkaufszentren und Wegwerfartikel, mehr

Abfall und Umweltverschmutzung wurden und werden zu Symbolen von Zivilisation und Fortschritt. Doch in ihren Auswirkungen sind sie ein Krieg gegen die Natur.

Die dunkle Energie von Kohle, Öl und Gas kam aus den unterirdischen Quellen – die Energie aus der Hölle. Die Menschen haben der Hölle Energie entzogen und damit die Hölle auf Erden geschaffen!

Die Folge sind riesige Mengen an Treibhausgasen, die zur globalen Erwärmung führen, riesige Mengen an Plastik, die zur Verschmutzung der Ozeane führen, riesige Mengen an Abfall, die zur Vergrößerung der Mülldeponien führen. Anstatt friedlich und in Harmonie mit der Natur zu leben, befindet sich die industrielle Zivilisation in einem Krieg mit der Natur. Der »industriell-militärische Komplex« ist ein Krieg gegen die Natur.

Die Menschen sind davon ausgegangen, dass die Natur ihnen gehöre. Sie *besitzen* Bauernhöfe, Felder und Wälder. Sie *besitzen* Tiere, Flüsse und Seen. Sie *besitzen* Öl, Gas und Kohle. Sie *besitzen* Gold, Kupfer und Stahl. Sie *besitzen* alles. Einst besaß eine Klasse dominanter Menschen andere Menschen und behandelte sie wie Sklaven. Heute behandeln wir Tiere, Vögel, Wälder und alle natürlichen Ressourcen wie Sklaven. Es ist eine Form des menschlichen Kolonialismus und des menschlichen Imperialismus über die Natur. Wir glauben nur an die Rechte des Menschen. Die Natur hat unserer Ansicht nach keine Rechte. In der Vergangenheit hat ein Teil der Privilegierten als Herrscher Völkermord betrieben. Jetzt sind es die Kapitäne des Großkapitals und der Industrie, die Besitzer von Großfarmen und Schlachthöfen, die mit Billigung ihrer Regierungen Umweltmord betreiben! Niemand scheint irgendwelche Fragen zu stellen. Die Ideale der Ethik scheinen keinen Eingang in das Bewusstsein der Konsumgesellschaft zu finden. Das Konzept der Moral scheint im Zusammenhang mit der unerbittlichen Ausbeutung, Zerstörung und Verschmutzung der Natur keine Rolle zu spielen.

Das Ideal des Friedens mit der Natur erfordert, dass wir unser Denken vom Konzept des Besitzes auf das der Beziehung wandeln.

Wir haben eine Beziehung zu Tieren und Vögeln, zu Wäldern und
Bauernhöfen, zu Bergen und Seen. Die Natur ist keine Ware. Die
Natur ist eine Gemeinschaft. Die Natur ist keine Maschine, die Natur
ist ein lebendiger Organismus. Die Natur ist kein Objekt, die Natur
ist eine Gemeinschaft von Subjekten. Die Natur ist das Leben selbst.
Das Leben ist heilig, die Natur ist es auch. Die Früchte der Natur sind
Geschenke. Wir müssen sie in Gnade und Dankbarkeit annehmen.
Nicht für Glamour und Gier. Das Leben schenkt das Leben, um das
Leben zu erhalten. Nicht um Leben zu verschwenden oder zu verschmutzen. Verschwendung und Verschmutzung sind Sünden gegen
die Natur. Niemand hat das Recht, Flüsse und Meere, Boden und
Luft zu verschmutzen. Die Wirtschaft der Natur ist zyklisch und frei
von Verschwendung und Verschmutzung. Im Kreislauf der Natur
kehrt alles, was von der Erde kommt, zur Erde zurück. In der Natur
gibt es keine Mülltonnen und keine Mülldeponien.

In letzter Zeit haben wir erlebt, dass die Natur zurückschlägt. Brände
und Überschwemmungen, Erdbeben und heißes Wetter verursachen
große Schäden und viel Leid, auch bei denen, die mit dem Krieg
gegen die Natur wenig zu tun haben.
     Der Krieg gegen die Natur ist auch ein Krieg gegen den Menschen.
So wie die Natur zu einer Ressource für die Wirtschaft geworden ist,
wird auch der Mensch als Ressource für die Wirtschaft genutzt. Die
Wirtschaftsorganisationen haben Personalabteilungen (»HR«) einge-
richtet. »HR« steht für »Human Ressources« (dt.: menschliche Ressourcen). Die Botschaft von Modernität und Materialismus ist laut
und deutlich. So wie die natürlichen Ressourcen genutzt werden, um
die industrielle Produktivität zu steigern, werden auch die menschlichen Ressourcen genutzt, um die industrielle Produktivität zu steigern. So werden paradoxerweise Natur und Mensch zusammenge-
bracht und zu einer einzigen Ressource gemacht, um die industrielle
Produktivität zu steigern. Ganz gleich, wie langweilig und seelenzer-
störend industrielle Arbeitsplätze sind, Natur und Menschen werden

geopfert, um die Anforderungen und Ziele des industriellen Paradigmas zu erfüllen.

Um Frieden mit der Natur zu schließen, müssen wir Frieden mit uns selbst schließen, denn wir *sind* die Natur. Wir müssen Zufriedenheit und Mitgefühl in uns kultivieren. Wir müssen uns von der menschlichen Hybris befreien, dass wir der Natur überlegen seien und sie behandeln könnten, wie wir wollen. Es gibt keine Menschlichkeit ohne Demut. Wir müssen erkennen, dass unser Glück nicht von einem immer höheren Lebensstandard und einem immer größeren Besitz an materiellen Dingen abhängt. Die wahren Quellen des Glücks sind Zufriedenheit und Freundlichkeit, Freundschaft und Familie, Kunst und Kunsthandwerk, Poesie und Musik, Schönheit und Einfachheit, das Besteigen von Bergen und das Spazierengehen am Meer, und vor allem wir selbst.

Um Frieden mit der Natur zu schließen, müssen wir Frieden mit allen Menschen schließen, denn auch die Menschen sind Natur. Gewehre, Panzer und Bomben töten Menschen und zerstören die Natur. Um Frieden mit den Menschen zu schließen, müssen wir die Vielfalt der Kulturen, Religionen, politischen Systeme und wirtschaftlichen Aktivitäten feiern. Wir müssen uns an das Prinzip »leben und leben lassen« halten. Wir müssen eine Grundregel respektieren, nämlich dass alle Streitigkeiten nur auf dem Verhandlungsweg und durch Dialog gelöst werden können. Es gibt gute Gründe, für die man sein eigenes Leben opfern kann, aber es gibt keinen guten Grund, für den ein Mensch einen anderen Menschen töten kann. Die gesamte Menschheit muss einen gemeinsamen Schwur leisten, den hippokratischen Schwur: »Erstens: Keinen Schaden anrichten!«

Frieden mit uns selbst zu schließen, Frieden mit allen Völkern der Welt zu schließen und Frieden mit der Natur zu schließen ist also ein zusammenhängendes Kontinuum.

Satish Kumar ist ein indischer Aktivist, Autor und spiritueller Lehrer. Er ist bekannt für seine Arbeit im Bereich der Umweltbewegung und als Friedensaktivist. Er wurde international bekannt, als er in den 1960er-Jahren zu Fuß von Indien nach Amerika ging, um sich für den Frieden und die Umwelt einzusetzen. Kumar ist Mitbegründer des britischen Umweltmagazins »Resurgence & Ecologist« und des Schumacher Colleges. Mit Büchern wie *Elegante Einfachheit – Die Kunst, gut zu leben* oder *Die Kraft der radikalen Liebe* verbreitet er seine Botschaft einer einfacheren, liebevolleren Welt.

https://campus.dartington.org/schumacher-college

DER KREIS AUF DEM BERGGIPFEL

Elizabeth E. Meacham

Übersetzung: Laura Spies

Kreise sind göttliche Symbole. Kreise verhalfen mir dazu, das erste Mal und nun allgegenwärtig, in Frieden mit der Natur zu sein. Und sie verhalfen mir weit über diesen Frieden hinaus an Orte, die meine menschlichen Sinne niemals vollständig verstehen können. Fast alle verblüffenden und herzerweiternden Veränderungen, die ich in der Natur erlebe, geschehen für mich in heiligen Kreisen. Doch inmitten all des wundersamen Friedens dieser Kreise fühle ich mich manchmal wie ein reißendes Seil, wenn die Absichten meines multidimensionalen Selbst mich neu zusammensetzen. Während dieser lebensverändernden Übergänge wird mein Frieden mit der Natur zu einem Sturm des sich verändernden Bewusstseins in mir. Ich werde durch viele Leben vor und zurück gedehnt und integriere Ranken meiner zeitlosen Seele in das Leben, das ich auf diesem Planeten lebe: in diesem Körper, in dieser Epoche der menschlichen Geschichte.

Vor über zehn Jahren begann ich, im Wald hinter meinem Haus Kreise zu ziehen. Ich studierte die Arbeit von C. G. Jung an der Hochschule und arbeitete seit den späten 1990ern mit Mandala-Kunst als spirituelle Praxis. Ein Jahrzehnt später begann ich, Mandalas mit Naturwesen zu gestalten: Steine, Stöcke, Blätter, Tannenzapfen, Eicheln, Federn – die Liste ließe sich fortsetzen. Ich fühlte mich immer wieder dazu berufen, meine Beziehung zu diesen Kreisen und den

Naturwesen, die mich in ihnen hielten, immer weiter zu vertiefen. In der Schlucht im hinteren Teil meines Gartens, zwischen kniehohen Hügeln, die sich wie Feenhügel anfühlen, fließen zwei kleine Bäche zusammen und bilden eine neblige Insel aus Felsen und Farnen. Als ich auf der Insel saß und dem Wasser lauschte, das über die Felsen rieselte, begann ich mich in dieses Land zu verlieben. Still und sanft, ohne Menschen, war es der perfekte Ort, um in eine neue Phase meiner erdgebundenen spirituellen Praxis hineinzuwachsen: heilige Kreise in verschiedenen Größen zu bilden. Damals hatte ich keine Ahnung, was auf mich zukommen würde. Die Person, die ich damals war, hätte aufgegeben, wenn sie gewusst hätte, wohin diese Reise mit den heiligen Kreisen führen würde; jetzt bin ich dankbar, dass ich durchgehalten habe.

Zu Beginn meiner Zeit in der Schlucht zog ich kleine und dann immer größere heilige Kreise. Als sie wuchsen, begann ich in ihnen zu meditieren. Anfangs erschien mir das alles irgendwie falsch. Manchmal kam ich mir lächerlich vor, als ich diese Kreise überall im Wald zog und stundenlang in ihnen saß, ohne zu wissen, warum ich das tat. Ich fühlte mich in gewisser Weise albern, die ich nicht genau benennen konnte.

Mit der Zeit bekam ein Kreis mehr Bedeutung für mich. Der Weg den steilen Hügel hinauf zu diesem Kreis fühlte sich heilig und magisch an. Als ich durch die Büsche zum Kreis kletterte, wogten die Bäume über mir sanft im Wind und flüsterten mir ihre Ermutigung zu. Ich ging unter einer Stromleitung hindurch, die über den Blumen und dem Efeu verlief, und betrat meinen Kraftkreis im Nordwesten, ein Gebet der Dankbarkeit auf den Lippen. Ich berührte die junge Buche neben mir, als ich durch ein unsichtbares Tor ging. Die Vögel verstummten. Das Geräusch von Autos und Rasenmähern drang von unten in die Stille des Waldes. Zur Sommersonnenwende saß ich in meinem Kreis und beobachtete, wie die Sonne von morgens bis abends über den Himmel wanderte. Im Herbst ging ich um meinen Kreis herum, Stöcke drückten sich in meine nackten Füße, rote und goldene Blätter knisterten an meinen Knöcheln. Im Winter kamen freiliegende Äste und gefrorene Bäche ins Blickfeld, wenn ich mich über das Eis des steilen Hügels bewegte. Immer wieder, Tag für Tag, saß ich in meinem Kreis in der Sonne, im Schnee, im Halbschatten, im warmen Frühlingsregen, im heulenden Wind und manchmal in stechenden Mücken. Jahreszeit für Jahreszeit wuchsen die Bedeutung und die Botschaften dieses Kraftkreises.

Mein heiligster Kreis befindet sich an einem leichten Hang. Wenn ich mich im Uhrzeigersinn durch die Quadranten bewege und mit den Richtungen meditiere, lehne ich mich an den dünnen Stamm eines Baumes im Osten, um nicht den Hügel hinunter zu einer riesigen und sehr alten Eiche zu rutschen. Sie ist die Großmutter der Schlucht und hat einen Umkreis um sich, den ich aus Respekt nicht betreten sollte. Südöstlich von meinem Kreis ruht sie am Ende ihres Lebens. Ihre Kinder und Enkelkinder umgeben sie, während sie über das Myzel und die Wurzeln des kleinen Waldes wacht. Als ich Tag für Tag hier saß, begann diese Eiche, mich anzusprechen. Von innen leuchtend, als hätte sie einen Geist, der bis zum Himmel reicht, strahlt sie ein Gefühl – eine Lehre – von tiefer Zeit aus. Sie wurde meine Lehrerin und Führerin, während ich mich mit ganzem Herzen in den Kreis fallen ließ und allmählich ein Portal zu anderen Reichen miterschaffte.

Als ich eines Tages in meinem Kreis saß, hatte ich das Gefühl, dass es eine gute Idee sein könnte, der Erde mit den Händen zu helfen. Ich lernte Energieheilung von einer weisen Ursulinenschwester, die ich an der Hochschule kennengelernt habe, an der ich als Professorin arbeitete. Sie war im fortgeschrittenen Alter und verfügte über Wissen und Methoden der praktischen Heilung, die weit über die üblichen Methoden hinausgingen. Nachdem ich die Energieheilung für die Erde einmal ausprobiert hatte, fühlte ich mich so sehr verändert, dass ich mich dazu verpflichtete, sie jeden Tag durchzuführen. Jeden Morgen stapfte ich den Hügel hinauf, um in meinem Kreis zu sitzen, drückte beide Hände in die Erde, um Liebe aus meinem Herzen in die Erde zu senden. Eine unermessliche Liebe kam zu mir zurück. Wie bei den Menschen begann ich, die verschlungenen Netze der

Lichtadern zu spüren, die den Geistkörper der Erde ausmachen. Sie pulsierte und pulste gegen meine Hände. Ich pflegte die Erde, wie ich es mit meinen begrenzten menschlichen Mitteln konnte, betete, tanzte und sang in Dankbarkeit um den Kreis herum.

Die Felsverwandten, die den Kreis umgaben, öffneten ihr Wissen, das weit in die Vergangenheit zurückreicht. Ich spürte, dass sie das ursprüngliche Träumen der Erde in sich trugen. Ich hatte das Gefühl, dass sie in diesem Kreis einen besonderen Platz für mich hatten. Ich war sicher, ruhte außerhalb von Raum und Zeit. Ich war geschützt vor dem Bombardement zeitgenössischer Gedankenformen und Forderungen, die so oft an mir zerren. Mein heiliger Kreis fühlte sich jetzt wie ein Portal an, das über und unter mir und um mich herum wie eine Kugel kreiste. Ich begann, andere Reiche deutlich zu spüren, als die Luft dünner zu werden schien. Meine Wahrnehmung der Pflanzen und Bäume verlangsamte und veränderte sich. Plötzlich spürte ich eine schimmernde und durchlässige Membran, die ich leicht durchschreiten konnte, um die Natur und die Geistwesen zu sehen, zu fühlen und zu hören. In diesem Moment wusste ich, dass die Realität immer so ist: Sie spielt sich direkt neben uns ab, und zwischen dieser und anderen Dimensionen liegen nur schleierartige Lichtvorhänge.

Als ich mehr Zeit an diesem erweiterten, friedlichen Ort mit der Natur verbrachte – wirklich weit jenseits meiner Vorstellungskraft – begann ich, Dinge aus dem Augenwinkel wahrzunehmen. Die Realität wackelte und rüttelte sich. Ganz sanfte Abdrücke von Menschen und Tieren aus anderen Zeiten, die das Land durchquert und dort gelebt hatten, schwebten in meine Vision hinein und wieder hinaus. Ich fühlte mich, als ob ich die Körpererinnerungen der Erde beobachtete.

Eines Tages war die Öffnung zu anderen Zeiten und anderen Welten so tiefgreifend und gewaltig, und die Realität veränderte sich so schnell, dass mein Geist und mein Körper panikartig die Flucht ergriffen. Ich sprang aus meinem Kreis heraus und rannte auf mein Haus zu, ich rutschte durch den Schlamm, während ich den Hügel hinabeilte. Ich kletterte auf mein Bett und drückte meine Knie an die Brust. Ich zweifelte an meinem Verstand und schwor mir, nie wieder mein Heiligtum des Friedens zu betreten; dieser Kreis und alles, was er enthielt, fühlte sich für mich plötzlich bedrohlich an. Mein Verstand war so sehr verwirrt, dass ich ihn nicht mehr kontrollieren konnte. Mein Gefühl dafür, wer ich war und was wirklich ist, weitete sich jenseits der Rationalität auf einen Bereich aus, der meinem Leben und meiner Zeit in diesem Körper fremd war.

Ein paar Wochen später hatte ich mich beruhigt. Langsam näherte ich mich dem Kraftkreis und konzentrierte mich auf die beruhigend dicken Äste der Großmutter-Eiche. Eine Eule rief im Tageslicht und flog über meinen Kreis, um mich zu begrüßen. Ich bat meine Verbündeten aus Natur und Geist, diese Tore wieder zu öffnen; ich fühlte mich bereit. Als ich durch das heilige Tor eintrat und mich in die Mitte setzte, öffnete sich der Kreis wieder wie ein Portal um mich herum. Ich war auf jeder Ebene völlig in Ruhe, wieder einmal außerhalb von Zeit und Raum. Gehalten von der Erde unter mir und der Sonne über mir, den Geräuschen des plätschernden Wassers und einer sanften Brise, öffnete ich mich in diesem Moment vollkommen. Ich ließ meine Ängste los und nahm den Ruf meiner Seele an, in den geistigen Bereichen der Erde zu wandeln und zu arbeiten. Durch diesen Prozess der Integration und Einweihung wurde mein friedlichster Platz in der Natur wieder friedlich.

Was vor Jahrzehnten mit stillen Tagen der Meditation in der Natur begann, entwickelte sich zu einer Stimme, die in mir aufstieg und nach der Wildnis rief, um mich nach Hause zu bringen. Die Natur ist diesem Ruf gefolgt und hat mich geöffnet, hat mich zu Schluchten, inneren Welten und den Rändern des Lebens auf der Erde geführt, die bis in den Kosmos reichen. Während mein Sinn für das, was wirklich ist, sich Schicht um Schicht abschält, finde ich die Geistesgaben und Seelenerfüllungen meines Lebens. Es gibt viele Muster, Rhythmen und Kräfte der Natur, die nicht friedlich sind, und deshalb ist auch meine Beziehung zur Natur nicht immer friedlich. Indem ich die Natur kennenlerne und von ihr unterwiesen werde, fallen die Grenzen meiner Überzeugungen und Identitäten immer wieder weg. Ich halte durch, mit Pausen der Integration zwischendurch, während ich durch eine Erkenntnis nach der anderen zur Erweiterung meines Bewusstseins geführt werde. Ich sitze in der Natur und gehe mit den Geistern; was ich für wahr halte, wird immer wieder verwandelt.

Die Natur spürt unsere Sehnsucht, zu ihr zurückzukehren. Sie greift in die Ranken des Lebens um uns herum, um diese Sehnsucht zu stillen. Sie bietet uns friedliche – und manchmal auch nicht so friedliche – Geschenke an, wenn wir offen sind, sie zu empfangen. Ich bewahre und schätze meine heiligen Orte in der Natur, die ich lange gepflegt habe und an denen ich meinen tiefsten Frieden finde. Ich weiß, dass sich neue Tore öffnen werden und dass ich mich wieder einmal über den Frieden hinaus in etwas Neues gedrängt fühlen werde. Zweifellos werde ich wieder bis ins Mark erschüttert werden. Ich werde von der Natur und geistigen Verbündeten geführt und geliebt, die mich leiten. Ich werde in meinen heiligen Kreisen gehalten, während ich mich durch diese Verschiebungen bewege. Ich fahre fort, in diesen Kreisen zu leben, zu lieben und zu lauschen, in Frieden mit der Natur und darüber hinaus.

 Dr. Elizabeth Meacham ist renommierte spirituelle Ökologin, Autorin, Lehrerin, Heilerin und Musikerin. Sie ist die Schöpferin der schamanischen Ökotherapie und unterrichtet diese international in verschiedenen Formaten. Ihr Buch *Das Erdseele-Träumen – Schamanische Praktiken für unsere Rückverbindung mit der Erde* wurde 2020 veröffentlicht. Sie lehrt und forscht in den Bereichen spirituelle Ökologie, Ökopsychologie und erdgebundene spirituelle Praktiken.

https://shamanicecotherapy.com

WIE PERSÖNLICH IST DIE NATUR?

Marko Pogačnik

Lektoriert durch Farah Lenser

Wenn wir von Landschaft, Wald oder vom Netzwerk der Flüsse oder Berge sprechen, machen wir uns dann bewusst, dass wir ein Subjekt mit einem individuellen Bewusstsein vor uns haben? Wie können wir eine mitschöpferische Beziehung zur Natur aufbauen, wenn wir nicht begreifen, dass sich hinter ihren vielfältigen Erscheinungsformen ein individuelles Bewusstsein verbirgt? Und auf welche Art und Weise können wir dieses Bewusstsein wahrnehmen, mit ihm kommunizieren und gemeinsam schöpferisch tätig werden? Sind wir bereit, die Natur als ein persönliches Gegenüber zu akzeptieren?

Die Sprache

Es fängt schon bei der Sprache an. Anfang August 2023 wurde mein Heimatland Slowenien von zerstörerischen Überschwemmungen heimgesucht. Die Medien waren voll mit Nachrichten, wie Mensch und Natur darunter leiden, und verwiesen in diesem Zusammenhang auf den Klimawandel und die Veränderungen, die damit einhergehen. Ich fühlte mich aufgefordert, eine andere Sichtweise bezüglich dieser Katastrophe ins Gespräch zu bringen. Aufgrund meiner langjährigen Erfahrungen im Bereich der Geomantie war mir klar, dass diese sich häufenden Naturkatastrophen nicht nur eine logisch nachvollziehbare Folge der so genannten Klimaveränderungen sein können. Doch wie sollte ich mein inneres Wissen in Worte fassen?

Nach langem Grübeln entschloss ich mich, das Element Wasser zu befragen, um zu erfahren, was sich wohl hinter dem Geschehen verbergen könnte.

Nacheinander erhielt ich drei Antworten, die ich als einen Komplex von inneren Bildern und Gefühlen wahrnahm, die ich im Folgenden in Worte fasse und als Meditation empfehle.

Die erste Botschaft des Wassers lautet: »Ich kann nicht atmen, wenn ihr Menschen eure Herzen dem liebenden, doch unkontrollierbaren Fluss des Lebens verschließt. Worin besteht eure Angst? Habt ihr Angst vor dem Leben in seiner Fülle, welches das Überflüssige abtragen lässt und dem Wunderbaren den Weg ebnet?«

Die zweite Botschaft des Wassers lautet: »Ihr Menschen ahnt wohl, dass meine Erinnerung sich so weit erstreckt, dass sie auch das Wissen enthält, wer ihr als Menschenwesen wirklich seid. Jenseits der vagen Vorstellung eurer Identität, die ihr von denen angenommen habt, die schon vor euch das Wesentliche der menschlichen Existenz vergessen hatten, seid ihr Teil der unzähligen Wesenheiten der Erde und des Kosmos. Ich fühle mich gedrängt, euch an das Vergessene zu erinnern.«

Die dritte Botschaft lautet: »Ihr habt vergessen, dass das Element Wasser eine persönliche Wesenheit ist, die sich in unzähligen Lebensadern verzweigt und gleichzeitig auf eine elementar bewusste Weise in jedem Wassertropfen anwesend ist – auch in eurem Innern. Ihr habt jeglichen Versuch, mit mir zu sprechen und mich als einen ebenbürtigen Mitschöpfer des Lebens anzusehen, aufgegeben. Deshalb bin ich gezwungen, durch die Katastrophen hindurch zu heulen, um euch zu erreichen. Denn ich möchte nicht, dass ihr durch die Flut der Erdveränderungen, die uns zurzeit alle betreffen, weggeschwemmt werdet.«

Wer meine Bücher liest oder bei meinen Werkstätten mitgearbeitet hat, wird vielleicht sagen: »Das ist doch die uns gut bekannte Sprache von Marko, und nicht die des Wassers.« Dem stimme ich zum Teil zu.

Denn es geht genau darum, dass wir uns als Menschen in die Natur hineinversetzen und verstehen, dass uns das nur gelingen kann, weil wir ein Teil von ihr sind. Solange wir uns als von ihr getrennt begreifen und nicht verstehen, dass wir ihre Botschaften übersetzen können, bleibt die Stimme der Naturwesenheiten der menschlichen Logik verschlossen. Es ist Ausdruck eines hochmütigen Verlangens, darauf zu bestehen, dass die Aussagen der elementaren Wesenheiten der Natur, der Berge und der Landschaften einen objektiven Charakter haben müssten. Aus diesem Nichtverstehen folgt die fast vollständige Abwesenheit des Dialogs mit der Natur, was den drohenden Verlust der lebendigen Erde nach sich zieht.

Bei meiner Tätigkeit im Bereich dessen, was etwas ungenau als Erdheilung bezeichnet wird, bin ich oft darauf angewiesen, mit dem Bewusstsein des Ortes in Beziehung zu treten, um zu erfahren, welche Art von Störungen vorliegt, die verhindert, dass der gegebene Ort mit Lebensglück durchdrungen wird. Lange habe ich die Ohren gespitzt und versucht, eine Botschaft des Ortes und seiner Wesenheiten zu hören, bis ich entdeckt habe, dass ich als Mensch dafür verantwortlich bin, ihre Antwort, die mich als Schwingung erreicht, in die logische Form unserer Sprache zu übersetzen. Als erstes musste ich die Fähigkeit des inneren Sehens entwickeln, um eine bildhafte Andeutung zu bekommen, was mir vermittelt wird. Weiter musste ich meiner Intuition freie Hand geben, damit der Sinn der erfahrenen Bilder in eine logisch nachvollziehbare Sprache übersetzt werden kann. Und ich habe verstanden, dass es für den verkörperten Menschen eine wichtige Aufgabe ist, die Aussagen der Erde (Gaia) und der Naturwesenheiten zu verstehen und als Botschaften zu verbreiten – auch um ihnen bei unseren Entscheidungen, wie wir mit der Erde und ihren Wesenheiten umgehen, eine Stimme zu geben.

Es gibt zwei verheerende Blockaden, die den Dialog mit dem Naturbewusstsein nicht zulassen. Zum einen ist es das Bestehen auf die Objektivität unserer Wahrnehmungen, ein Anspruch, der sich unter einem wissenschaftlichen Mantel verbirgt. Die Wissenschaft mag

eigene Kriterien der Wahrhaftigkeit haben. Dagegen ist nichts ein-
zuwenden. Als Menschen sollten wir aber nicht auf die Freiheit
verzichten, unsere Mitwelt in ihrem Wesenskern wahrzunehmen
und zu lieben. Beides steht nicht im Gegensatz zueinander, da die
Wirklichkeit mehrschichtig ist.

Die zweite Blockade hängt unmittelbar mit der ersten zusammen:
die Forderung nach der Objektivität des beobachtenden Subjekts.
Das Wahrgenommene gilt nur dann als objektiv und wahr, wenn
das wahrnehmende Individuum eigene Gefühle und Empfindungen weitgehend ausschaltet und nur einseitig auf den analytischen
Verstand setzt. Auf diese Weise wird die Wahrnehmung ausschließlich auf die materielle Ebene der Wirklichkeit begrenzt. Wollen wir
jedoch tiefer gehen und auch die kausale Ebene hinter der materialisierten Erscheinungswelt wahrnehmen, dann müssen wir, wie oben
beschrieben, unsere Wahrnehmungen als vielschichtig begreifen und
schöpferisch damit umgehen. Schöpferisch heißt hier nicht nur, das
Wahrgenommene mitzugestalten, indem wir ihm eine bestimmte
Form geben, sondern es darüber hinaus auch kreativ zu ergänzen,
so dass dem betreffenden Phänomen ein Aspekt hinzugefügt wird,
den es zuvor noch nicht gab.

Jede freie Wahrnehmung kann die Welt verändern und mit einem
neuen Gesichtspunkt bereichern. Das ist jedoch abhängig von der
Wahrhaftigkeit der gegebenen Wahrnehmung, wobei der Grad
der Wahrhaftigkeit von der ethischen Einstellung des Betrachters
abhängt und von seiner liebevollen Zuwendung dem Betrachtenden
gegenüber.

Der elementare Mensch

Es gibt keinen Zweifel, dass Pflanzen, Tiere, Mineralien und Landschaften zum Inventar der Natur gehören. Und der Mensch? Betrachten wir die äußere Gestalt der Menschen, so könnten sie ohne Vorbe-
halt zu den Wesenheiten der Natur gezählt werden. Wie kommt es
also dazu, dass sich die Beziehung der Menschen zur Natur zu einem
tragischen Konflikt entwickelt hat?

Es gibt verschiedene Möglichkeiten, auf diese immer wieder auf-
tauchende Frage eine relevante Antwort zu geben. Aufgrund meiner
meditativen Selbstbetrachtung in der Beziehung zu meinen Naturerfahrungen möchte ich in diesem Zusammenhang auf ein Missverständnis hinweisen. Von außen betrachtet gehören wir unserer
körperlichen Erscheinung nach zum Naturreich, doch die Logik des
Betrachtens von außen erkennt nur den biologischen Aspekt des
Menschen und der Natur insgesamt. Das gemeinschaftlich ausgerich-
tete elementare Bewusstsein der Naturreiche – von denen wir ein Teil
sind – wird nicht nur verdeckt, sondern auch durch die begrenzte
Wahrnehmung des Verstandes blockiert.

Dadurch kann sich die allverbindende, liebevolle und paradiesi-
sche Qualität des elementaren Bewusstseins der Erde und der Natur
nicht entfalten. Die elementaren Bewusstseinsfelder verbinden flie-
ßend alle Wesenheiten der Natur, es sei denn, sie wurden durch mani-
pulative Eingriffe der Menschen ihres eigentlichen Wesens beraubt.
Auch der Mensch könnte am Tanz der elementaren Bewusstseinsfelder teilhaben und seine Naturentfremdung überwinden. Dazu müssten wir anerkennen, dass wir als Menschen in zwei autonomen Erd-
räumen beheimatet sind und dass beide gleichermaßen kostbar für
unsere Entfaltung und für das Leben der Erde und des Universums
sind. Lassen Sie mich hier eine Imagination beschreiben, die meinen
oft wiederholten Wahrnehmungen entspricht:

Als geistig-seelische Wesenheiten gehören wir einer Lichtsphäre
an, die die Erde durchdringt und umfasst. Auf dieser Ebene sehe
ich Menschenseelen als eine Kombination der Elemente *Licht* und
Bewusstsein, nach alchemistischer Terminologie eine Zusammen-
setzung der Elemente Feuer und Luft. Wenn wir auf der Erde ver-
körpert werden, treten wir zusätzlich, ohne den geistig-seelischen
Raum zu verlassen, in eine zweite, den Naturreichen zugeordnete
irdische Sphäre ein. Bei diesem komplizierten Übergang, den wir
»Geburt« nennen, werden die Elemente Licht und Bewusstsein mit
dem Gefühlselement des Wassers und den Mineralteilchen des Ele-
ments Erde bereichert. Beim Sterbeprozess verlassen wir die irdische

Sphäre, bleiben aber weiterhin in der Lichtsphäre, unserer ange-
stammten Heimat, präsent; bestimmte Traditionen sprechen hier von
dem Reich unserer Ahnen und Nachkommen.

Um Teil der irdischen Sphäre zu werden und in Harmonie mit
ihren Naturreichen schwingen zu können, wird der Mensch während
des Geburtsprozesses in eine zweite Phase seiner Identität einge-
führt, die ich das »elementare Ich« nenne, also eine naturnahe Identität. Nun sind wir zwei in einem. Durch sein elementares Ich wird
der Mensch ein Glied der Naturreiche gleichwertig mit den Pflanzen, den Bergen, Landschaften und so weiter. Um den Dialog und
die Mitwirkung mit anderen Wesenheiten und Ebenen der irdischen
Sphäre zu ermöglichen, darf der neu verkörperte Mensch unter den
elementaren Wesenheiten der Natur ein »persönliches Elementarwesen« wählen, das ihn durch die Ausdehnungen und Wandlungen
der Erde und Natur lebenslang begleiten und führen wird.

Innerhalb der Geomantie wurde der Begriff der Elementarwesen
ausgehend von geomantischen Wahrnehmungen in den letzten drei
Jahrzehnten von verschiedenen Seiten beleuchtet und gedeutet. Kurz
gesagt, sprechen wir hier von elementaren Bewusstseinsfeldern, die
hinter allen Naturerscheinungen schwingen und ihre Manifestation
in der materiellen Form in jedem fortlaufenden Moment ermöglichen.
Bei einem konkreten Baum, einem Bach oder Grashalm werden diese
im Hintergrund wirkenden (elementaren) Begleiter der Naturerscheinungen als Wesenheiten erkannt, die Personen ähneln, aber nicht in
dem Maße individualisiert sind wie wir Menschen. Das entspricht
ihrer Rolle bei der Entwicklung der Natur, da es wichtig ist, dass sie
permanent im Gesamtbewusstsein der Erde verankert bleiben. Ihre
persönlichen und individuellen Züge machen es jedoch möglich, mit
Menschen einen Dialog zu führen und entsprechende Taten umzuset-
zen. Die mythische Tradition spricht hier von Nymphen oder Dry-
aden (Baumgeistern), die sich von anderen Mitgliedern ihres Volkes
unterscheiden, weil sie individuelle Gemütszüge aufweisen.

Es reicht nicht aus, die eigene Körperlichkeit als unsere Verbindung mit der Erde und der Natur zu erkennen und zu pflegen. Es

bräuchte auch die Anerkennung der elementaren Natur des Menschen, um diese Beziehung tief genug zu verankern, damit die Menschheit ihren gegenwärtigen Kurs der Selbstzerstörung umkehren kann. Hier zeigt sich eine zweite unglückliche Blockade, die durch die dualistische Matrix der patriarchalen Weltreligionen entstanden ist. Um die einseitige Anbindung ihrer Gefolgschaft an ihre geistigen Ideale zu untermauern, wurde die elementare Natur der Erde als zerstörerisch abgewertet und mit der Gestalt des Teufels verunglimpft. Dadurch wurde auch der elementare Aspekt des Menschen – sprich das persönliche Elementarwesen – als vermeintliche Ursache der menschlichen Entfremdung von den geistigen Idealen der Religionsgemeinschaften an den Pranger gestellt.

Solange die beiden tiefgreifenden Blockaden nicht abgebaut werden, werden die erforderlichen Maßnahmen, um die sogenannte Klimakatastrophe abzuwenden, kaum erfolgreich sein, wenn es überhaupt zu einer gemeinsamen Anstrengung der menschlichen Familie kommen sollte. Um diese Blockaden abzubauen und an ihrer Heilung zu arbeiten, müssen wir auf der planetaren Ebene beginnen; diesen Prozess umschreibe ich mit dem Begriff »Gaiakultur«.

Gaiakultur

Um die automatische Identifizierung der Erde mit der materialisierten Erdkugel zu umgehen, haben viele von uns, die die Erde lieben und auf eine neue Art wahrnehmen, angefangen, die Erde mit dem altgriechischen Namen der Erdgöttin *Gea* oder *Gaia* zu benennen. Was meine Zugangsweise betrifft, beinhaltet der moderne Begriff von Gaia folgende Gesichtspunkte:

Der Begriff von Gaia als Erdgöttin impliziert schon sprachlich, dass Gaia ein individuelles Wesen ist. Über unbegreiflich lange Zeitdistanzen lenkt und hütet sie die Entwicklung eines abgerundeten und relativ autonomen irdischen (Mikro-)Universums. Ihre Kooperation mit der Sonne, dem Mond, dem Sonnensystem und unserer Galaxie ist dabei von grundlegender Bedeutung. Und doch sollte die Schöpfung von Gaia als ein selbständiger und einzigartiger Beitrag innerhalb der erwähnten kosmischen Systeme verstanden, geliebt und unterstützt werden.

Zum anderen entwickelt sich die Schöpfung von Gaia als ein mehrdimensionales Raumsystem, das aus verschiedenen, relativ selbständigen Raumsphären komponiert ist, die einander berühren und teilweise durchdringen. Diese verschiedenen Räume ermöglichen die parallele Entwicklung von unterschiedlichen Gruppen von Wesenheiten und deren Kulturen, die potenziell in einer mitschöpferischen Beziehung zueinander stehen – einige davon werden unten erwähnt.

Außerdem kann ich aufgrund meiner geomantischen Erfahrungen bezeugen, dass das Universum von Gaia an der Schwelle des dritten Jahrtausends angefangen hat, seine Entwicklung zu beschleunigen, um eine neue Ebene der Existenz zu erreichen. Diese kann durch die Synergie aller beteiligten Raumsphären und der darin bestehenden Evolutionen von Wesenheiten zustandekommen. Das Festhalten der menschlichen Gemeinschaft an einem engen dreidimensionalen Raumkonzept ist der wesentliche Faktor, der dieser Entwicklung entgegenwirkt und sie zum Stillstand zu bringen droht. Die immer heftiger auftauchenden Umweltkatastrophen können aus diesem Blickwinkel als ein unumgänglicher Befreiungsprozess verstanden werden, der den Weg zur Entwicklung einer neuen planetaren Gaiakultur eröffnen und die Hindernisse auf dem Weg zum planetaren Frieden beseitigen kann.

Letztlich betrachte ich die Gaiakultur als eine Kultur des Friedens, der durch die liebevoll eingestimmte Gemeinschaft aller Wesenheiten, die das irdische Universum bewohnen und mitgestalten, die Menschenfamilie eingeschlossen, zustandekommt.

Ungeachtet dieser Hindernisse und den daraus folgenden Schwierigkeiten, die sie in unserer Mitwelt anrichten, sehe ich die Entwicklung der Gaiakultur vorankommen. So zeigen immer mehr Menschen Interesse daran, die Ausdehnungen der Wirklichkeit, die für unsere physischen Augen unsichtbar sind, mit anderen Sinnen wahrzunehmen. Verschiedene Modelle des neuen mehrdimensionalen Raumverständnisses werden entwickelt und auch praktisch in der geomantischen Gruppenarbeit, in der Kunst und im täglichen Leben umgesetzt. Einzelne Menschen und Gruppen entdecken ihre Liebe zu den Naturreichen und zueinander, und es entstehen immer mehr Gruppen, die eine Kommunikation im Sinne der neuen Gaiakultur und neue Ideen und Einsichten in die Welt tragen. Es werden Strategien und Techniken entwickelt, wie es in naher Zukunft möglich sein wird, den Wirbel der Umweltkatastrophen zu überleben und an der Entwicklung der Gaiakultur weiterzuwirken.

Zum Schluss möchte ich noch betonen, dass die Entfaltung der Gaiakultur einen Umwandlungsprozess beinhaltet, der voraussetzt, dass Menschen ihre alten und diese Entwicklung hemmenden Vorstellungen, Glaubensmuster und Handlungsweisen nach und nach aufgeben, um die Vision einer friedvollen Erde zu verwirklichen. Dazu gehört die persönliche Einstimmung auf den neuen Entwicklungszyklus von Gaia, der viele Facetten beinhaltet, wobei die ethische Haltung allen Wesenheiten des mehrdimensionalen Lebens gegenüber grundlegend ist – oder anders ausgedrückt, es geht um eine liebevolle Hinwendung allem Lebendigen gegenüber.

Gleichzeitig sollte auch schon der nächste Schritt auf dem Weg zur Gaiakultur ins Auge gefasst und durch meditative Vertiefungen und Wahrnehmungsübungen eingeleitet werden. Es geht um die Beziehungen zu den parallelen Welten der Erde, vor allem zu den elementaren Wesenheiten, die im kausalen Bereich der Pflanzen, Tiere und Landschaften tätig sind. Zudem geht es um die Kommunikation mit der Welt der Ahnen und Nachkommen – sprich mit dem seelischgeistigen Aspekt unserer eigenen Evolution. Auch sollten die Mikroorganismen erwähnt werden, die in ätherischer Hinsicht am Wandlungsprozess mitarbeiten. Sie existieren in großen Scharen und sind fähig, die weltumspannenden Wandlungsprozesse in Gang zu setzen. Ich nenne sie »Gaia-Funken«. Nicht zu unterschätzen ist die mögliche Kooperation mit Feenwelten, die aus der keltischen Tradition als Sidhe (Aussprache Schi) bekannt sind, und mit der Welt der Urkräfte der Schöpfung, in der mythischen Sprache als Drachen überliefert – womit die Liste noch nicht ausgeschöpft ist.

Die sich häufenden Umweltkatastrophen versetzen ganze Völker in Angst und Schrecken, und als Antwort darauf werden Pläne geschmiedet und Maschinen gebaut, um die Menschheit zukünftig auf einen anderen Planeten umzusiedeln – aber ein Planet, der mit Gaia in ihrer Lebensfülle und einzigartigen Schönheit vergleichbar wäre, ist nicht zu finden. Warum lassen wir nicht einfach los, was einem zukunftsorientierten Leben nicht mehr dienlich ist? Warum öffnen wir nicht lieber unsere Herzen für eine neue Lebensmelodie und die Pforten unseres Bewusstseins für die Wandlungsprozesse, die schon im Gange sind? Mit unserer vereinten Schöpfungskraft können wir die Entstehung einer Kultur des Friedens und Miteinanders unterstützen – ohne zwanghaft nach einem neuen Planeten suchen zu müssen.

Marko Pogačnik ist ein slowenischer Künstler, Bildhauer, Autor und spiritueller Lehrer. Er ist bekannt für seine Arbeit im Bereich der Geomantie und Landschaftsheilung. Er entwickelte die Methode des »Heilenden Zeichnens«, bei der er heilende Energien in die Landschaft einfließen lässt. Pogačnik ist Autor vieler renommierter Bücher, darunter *Die Urkraft im Kern des menschlichen Herzens* und *Wandlungstanz der Erde*. Seine Arbeit zielt darauf ab, die Verbindung zwischen Mensch und Natur zu stärken und die heilende Kraft der Erde zu nutzen.

www.markopogacnik.com

WAS UNS DIE WILDNIS LEHRT

Mary Reynolds Thompson

Übersetzung: Laura Spies

Alles in der Natur lädt uns ständig ein,
zu sein, was wir sind.

Gretel Ehrlich

In seinem Buch *The Peace of Wild Things* schreibt der Bauerndichter Wendell Berry, dass er sich, wenn er an der Welt verzweifelt, dorthin legt, wo der Erpel schwimmt und der Reiher frisst und er von einem Gefühl der Ruhe erfüllt wird. Berrys Worte erinnern an den Psalm Davids: »Er weidet mich auf einer grünen Aue und führet mich zum stillen Wasser.« Es ist ein beruhigendes Bild. Ein Bild, das uns einlädt, uns an unseren eigenen persönlichen Ort des Friedens zu erinnern.

Heute bestätigen Wissenschaftler, was viele von uns intuitiv wissen: Die Natur entspannt uns. Zeit in der Natur wirkt auf uns wie Meditation: Unser Blutdruck sinkt, unsere Endorphine steigen, und unser Cortisolspiegel sinkt. Die Natur schenkt uns ein Gefühl des Wohlbefindens. Aber das ist nicht das ganze Bild. Die Natur kann uns auch aus dem Gleichgewicht bringen.

1983, im Alter von siebenundzwanzig Jahren, kam ich von New York nach San Francisco, nachdem ich die vorangegangenen achtzehn Monate in einer Abwärtsspirale des Alkoholkonsums verbracht hatte. Ich wollte ein paar Wochen bei meinem Bruder bleiben, bevor ich nach England zurückkehrte. Doch die Bay Area schlug ein wie ein Blitz: das blaue Wasser, die lila Lupinen, die höher als mein Kopf waren, die Hänge mit den pastellfarbenen viktorianischen Häusern. Ich sah fasziniert zu, wie der Nebel durch die Golden Gate Bridge strömte, die Sonne war da und dann wieder weg. Ich blieb.

Jeden Morgen versprach ich mir, nicht zu trinken. Jeden Abend hatte ich ein Glas Wein in der Hand, später eine leere Flasche. Ich schaute in den Spiegel und dachte: *Ich hasse dich, ich will dich umbringen.* Eine dämonische Präsenz hat sich in mir eingenistet, ein schattenhaftes, raubgieriges Wesen, das ich tot sehen wollte, selbst wenn es mich das Leben kosten würde.

Und doch spürte ich bei einem Spaziergang durch die hoch aufragenden Mammutbäume der Muir Woods auf der anderen Seite der Golden Gate Bridge oder beim Betrachten des sonnenüberfluteten Wassers, dass sich mir neue Möglichkeiten boten. Ich wusste, dass diese Sache namens Alkoholismus mich zurückhielt und dass ich etwas finden musste, das größer und bedeutender war als meine Sucht. Eine Kraftquelle, die dem Druck standhalten konnte, den ich beim Trinken verspürte – diesem ständigen, tiefen Bedürfnis nach Auslöschung. Aber was? Und wie?

Es hätte vielleicht weniger Mühe gekostet, mich dem Wahnsinn meiner Krankheit zu ergeben; der Verlauf meines Lebens war in diese Richtung vorgegeben. Doch wie Wendell Berry in *Our Real Work* schreibt: »Der blockierte Strom ist derjenige, der singt«, womit ich meine, dass, wenn wir offenbleiben, wenn die Dinge schwierig werden, Widrigkeiten uns helfen können, ein neues Ziel zu finden. Für mich bedeutete das, dass ich bereit sein musste, die Spannung zwischen meiner inneren Dunkelheit und der natürlichen Schönheit um mich herum auszuhalten. Manchmal schien es, als würde ich daran zerbrechen.

Die Spannung war unerträglich und belebend zugleich. Es war, als ob ich den Atem anhielt und darauf wartete, dass etwas passierte. Die Natur zog mich in ihren Bann, verzauberte mich. Wie eine Pflanze, die sich nach der Sonne ausrichtet, wendete sich mein ganzer Körper dem Licht zu. In diesem Moment erhielt ich einen Anruf von einer alten Trinkerkollegin aus New York, die mir mitteilte, dass sie jetzt nüchtern sei und zu den Anonymen Alkoholikern gehe. Als ich ihre Worte hörte, atmete ich zum ersten Mal seit Jahren wieder tief durch, und ein Teil der Anspannung löste sich. Am nächsten Samstag ging ich zu meinem ersten 12-Schritte-Treffen.

Ich begann, stundenlang auf den Wanderwegen von Marin und in den steilen Hügeln der Stadt zu wandern. Der Rhythmus meiner Wanderungen und der Rhythmus der Natur wurden zu einer Quelle des Trostes. Die schneidenden Winde reinigten mich, und die kräftige Bewegung half mir, meine Ängste zu lindern. Ich bin nicht mit der Absicht losgezogen, mich mit der Natur zu verbinden, um das zu füllen, was ich wie andere Süchtige das schwarze Loch in meinem Inneren genannt habe. Ich wusste nur, dass ich mich im Freien besser und glücklicher fühlte. Und so ging ich weiter, immer tiefer hinein in die Wildnis des Landes und meiner eigenen Seele.

Ein paar Wochen nüchtern, überquerte ich an einem stürmischen Tag die Golden Gate Bridge und stand auf einer Klippe über dem Pazifik, wo sich meine innere Unruhe in den Wellen spiegelte. In diesem Moment kam mir ein Gedanke: Der Ozean war eine aufgewühlte Masse von Unruhe, aber er hatte eine ungeheure Kraft. Ich schmeckte Salz in meinem Mund und konnte nicht sagen, ob es meine Tränen oder die Gischt des Meeres war. Plötzlich fühlte ich mich ganz eins mit dieser gewaltigen Wassermasse. Mit ausgestreckten Armen beanspruchte ich die Kraft des Ozeans als einen Teil von mir. Ich wusste, dass alles in Ordnung kommen würde.

In den folgenden Jahren machte ich weitere kraftvolle Erfahrungen in Wüsten und Wäldern, auf Berggipfeln, an rauschenden Flüssen, auf saftigen Wiesen und weitläufigen Weideflächen. Ich bin durch den Himalaja gewandert, habe die Grand Tetons mit dem Rucksack erkundet und bin in den Anden gewandert. Über die Zeit hat etwas Wildes und Dauerhaftes in mir Besitz ergriffen. Wenn ich mit vollem Rucksack staubige Pfade hinaufschwitzte, meinen nackten Körper in eisige Gletscherseen warf oder den weichen Schlamm zwischen meinen Zehen spürte, fühlte sich mein Körper wieder wie ein Zuhause an. In den schwierigsten Situationen – bei Wind und Wetter, auf einem Berggipfel in einem Gewitter gefangen, erschöpft bis zum Aufgeben – lernte ich am meisten über mich selbst. Ich entdeckte, wozu ich fähig war, aber auch, was mich in die Knie zwang. Ich begann Frieden zu schließen mit allem, was ich war.

Die Natur besteht für mich nicht nur aus stillen Gewässern und grünen Weiden. Sie ist auch der Habicht mit einer Spannweite von einem Meter, der meinen Mann in den Rocky Mountains im Sturzflug angreift, um sein Nest zu schützen. Es ist der Löwe, der die Herde auf der Suche nach Futter anfällt. Es ist die Seeschwalbe, die im Sturzflug den Fisch aufspießt. Es ist das massive Erdbeben oder der Vulkanausbruch, der das Land neu formt. Diese Handlungen sind gewalttätig, aber sie sind nicht böse. Der moderne Mensch, der glaubt, über solcher Brutalität zu stehen, ist zu monströsem Gemetzel fähig.

Indem wir unsere animalische Natur verleugnen, unterdrücken wir unseren Hunger, unsere Sinnlichkeit, unsere Wildheit. Aber ein verleugneter Instinkt zeigt sich auf zerstörerische Weise. Wir brauchen die Natur, um uns zu zeigen, wer wir sind, in all unseren Facetten, nicht nur als friedliche Buddhas, sondern als echte, ganze und komplexe Wesen. Unter der Fassade unseres zivilisierten Ichs verbirgt sich eine ursprüngliche Welt der Lebendigkeit. Wenn wir unsere Beziehung zur Erde wiederherstellen, finden wir einen Wegweiser in dieses innere Reich – einen numinosen Ort, der mit Beziehung und Verwandtschaft gefüllt ist. Der größte Schatz von allen ist unsere Fähigkeit, mit unserer eigenen wahren Natur als Teil der Natur intim zu werden.

Die Wildnis lädt uns zur Schattenarbeit ein. Sie spiegelt uns wider, wer wir wirklich sind, und nicht nur, wie das Ego uns als gute, friedliebende, erhabene Wesen darstellen möchte. In ihrem Gedicht *Cruelty* schreibt Lucille Clifton darüber, wie sie Kakerlaken mit einem Besen zerschmettert, bis ihre Körper »überall auf dem Boden rot sind«, und lächelt dabei die ganze Zeit. Die Kakerlaken hatten schließlich »keine wissenswerten Namen«. Wenn wir den Eindruck haben, dass andere weniger wert sind als wir selbst, fühlen wir uns frei, sie zu zerstören.

Wenn wir Teile von uns für unwürdig halten, lehnen wir sie gnadenlos ab und unterdrücken sie.

Für vormoderne Kulturen gab es keine Unterscheidung zwischen innerer und äußerer Natur. Da sie ihr Bewusstsein als mit der Natur verbunden erlebten, war jeder Mensch für das Wohlergehen des Ganzen verantwortlich. Wenn es in der gesamten Erdengemeinschaft Krankheiten gab, spiegelte dies eine Krankheit im Inneren wider. Heute fehlt das Verständnis, dass wir Teil der umfassenderen Seele der Erde sind. Dadurch können wir uns von der Schwere der Klimaveränderungen, der Umweltverschmutzung und des Ökozids distanzieren, als ob dies etwas wäre, das außerhalb von uns geschieht und nicht tatsächlich einen seelischen Zusammenbruch in uns widerspiegelt. Wir glauben daher, dass die Lösung einfach darin besteht, bessere Technologien zur Lösung der Probleme voranzutreiben, und ignorieren dabei, dass diese Innovationen in denselben Psychen verwurzelt sind, die die Probleme überhaupt verursacht haben.

Als ich als Trinkerin lebte, schaute ich mich um, sah das Durcheinander meines Lebens und dachte: »Warum passiert mir das?« Es war, als würde ich für etwas bestraft, mit dem ich nichts zu tun hatte. In meiner Verzweiflung versuchte ich, von starkem Alkohol auf Wein umzusteigen und nur ab einer bestimmten Tageszeit zu trinken. Es war alles nur ein Vorwand, ein Unwille, die Wahrheit über meine Situation zu erkennen: Ich war ein hoffnungsloser Alkoholiker. Äußerlich sah es gar nicht so schlecht aus. Ich hatte einen Job, ich war jung und trieb regelmäßig Sport. In ähnlicher Weise argumentieren wir an einem schönen, ruhigen Tag, dass die Erde nicht in ernsthaften Schwierigkeiten steckt. Alles scheint in Ordnung zu sein, nicht wahr?

All dies erzeugt eine Dissonanz, eine Spannung zwischen dem, was wirklich geschieht, und unserer Reaktion darauf. Wir sagen uns, dass die Situation nicht so schlimm sei. Dass unsere Alkohol-, Drogen-, Konsum-, Essens- und Techniksüchte, das Verlangen nach mehr und größeren Dingen nicht das Problem seien. Solange wir uns vorgaukeln, alles sei noch beherrschbar, müssen wir uns nicht ändern. Aber wie mein Leben auseinanderbrach, erleben wir, wie unser Planetensystem zusammenbricht. Es wird immer schwieriger, die Realität dessen zu leugnen, was wir der Erde und uns selbst antun. Die Natur spricht zu uns – und dieses Mal fordert sie unsere Aufmerksamkeit.

Ich habe herausgefunden, dass, wenn man 12 Meilen mit einem 40-Pfund-Rucksack in der Höhe wandert, keine Energie für Selbsttäuschung vorhanden ist. Du bist einfach du selbst – verschwitzt, erschöpft, ausgemergelt, aber auch weit geöffnet. Wenn du es zulässt, wird die Natur dich bis an ihre Grenzen auf die Probe stellen, damit du mehr über dich selbst erfährst. Und in den kommenden Jahren wird uns die Natur zunehmend auf eine noch nie da gewesene Art und Weise auf die Probe stellen. Wir haben ihr Gleichgewicht zu sehr gestört. Als ich am Rande des Todes und der Verzweiflung stand, als mein Alkoholismus außer Kontrolle geriet, war ich verrückt, unberechenbar und destruktiv. Auch der Planet leidet unter Hurrikanen und Dürren, erwärmten Ozeanen und Waldbränden, steigenden Temperaturen und Pandemien. Kein Wunder. Ein Mensch aus dem Gleichgewicht, eine Welt aus dem Gleichgewicht – das alles ist ein Rezept für eine Katastrophe.

Wir werden niemals Lösungen für unsere Probleme finden, wenn wir in einer Weltanschauung gefangen bleiben, die den Menschen vom Rest der natürlichen Welt trennt. In diesen ruhigen Momenten, an diesen stillen Gewässern, erblicken wir manchmal die wesentliche Wahrheit: Wir sind Teil dieses fein abgestimmten Daseins. Aber Frieden ist nicht das einzige Tor zu dieser Weisheit und Einheit. Um noch einmal Berry zu zitieren: »Der blockierte Strom ist derjenige, der singt.« Das Leben in diesen gefährlichen Zeiten fordert uns heraus, uns zu verändern, zu wachsen und uns weiterzuentwickeln. Das ist unsere Realität. Es ist auch unsere größte Chance.

Ich bin nicht nüchtern geworden, um nett zu sein. Ich bin nüchtern geworden, um ich selbst zu sein. Das sehe ich jetzt. Ich sehnte mich danach, mein wahres Ich unter der fragilen Schicht der Kultiviertheit kennenzulernen. Im Grunde sind wir Geschöpfe voller Instinkte und wilder Stimmungsschwankungen und Vorstellungskraft, Teil des

Atems, der Knochen und des Blutes dieses erstaunlichen Planeten. Mit der Anerkennung dieser Verwandtschaft geht ein tiefes Gefühl der Zugehörigkeit und Verantwortung einher. In diesem Bewusstsein liegt Frieden.

Mary Reynolds Thompson ist Autorin, Leiterin von Poesie- und Tagebuchtherapie sowie zertifizierte Lebensberaterin. Ihr Ziel ist es, Menschen dabei zu helfen, ihre Wilde-Seelen-Geschichte zu entdecken und zu leben. Ihre Arbeit kombiniert Poesie- und Tagebuchtherapie, Erdverbindung und Coaching, um eine tiefere Verbindung zur Natur und zum eigenen Inneren zu erlangen. Ihr Buch *Der Ruf der wilden Seele – Wie uns die Landschaften der Erde unsere Ganzheit zurückgeben* spiegelt ihre Leidenschaft für das Wiederbeleben sowohl der Welt als auch unserer eigenen Seelen wider. Ihr neues Buch *Wild Soul Woman* erscheint im Herbst 2024. Geboren in London, lebt Mary Reynolds Thompson jetzt in Marin County, Kalifornien.

www.maryreynoldsthompson.com

MANIFEST DER NEUEN ERDE

Catharina Roland

Ich, ein souveränes Lebewesen, reines Bewusstsein, reine Liebe,
   erkenne an, dass ich als Mensch Teil des lebendigen Ökosystems
Erde bin.
   Ich habe erkannt, dass die Gesundheit unseres Lebens
untrennbar mit der
   Gesundheit der Pflanzen, Tiere, Gewässer, der Böden, der Luft
und mit den kosmischen Zyklen verbunden ist. Ich erinnere mich
an die mir innewohnende Schöpferkraft und an mein unendliches Entwicklungspotential.

Ich **manifestiere**
dass überall auf der Erde der lebenswichtige Humus wieder
   aufgebaut wird.
Ich spüre, wie sich mein Immunsystem an den kristallklaren
   Gewässern, der reinen Luft und in den geschützten Wäldern
   stärkt. Jede meiner Zellen dankt für die gesunde Nahrung, welche, begleitet vom Gesang der Vögel und dem Summen der
   Insekten, auf humusreichen Feldern gewachsen ist.
Die Menschen heilen im Einklang mit der Natur.
Wir alle gehören zur Menschheitsfamilie.
Ich begegne jedem Lebewesen mit Achtsamkeit und Respekt und
   löse Konflikte friedlich.
Geburten werden als heilige Rituale
und Leben und Sterben als natürlicher Kreislauf geachtet.

Technik wird dort angewandt, wo sie dem Leben dienlich ist, und die Energie stammt aus erneuerbaren Quellen.

Ich **beobachte dankbar**
wie alle Menschen voller Begeisterung und in Freiheit ihr individuelles Potenzial entfalten,
und ich verbinde mich mit meiner eigenen unendlichen Kreativität.
Voller Freude zähle ich mindestens ein Handwerk zu meinen Fertigkeiten.

Ich **umgebe mich**
am liebsten mit Produkten, die von Menschen meiner Region
liebevoll und im Einklang mit der Natur produziert wurden.
Es gibt keinen Abfall mehr. Alles ist einfach reparier- und wiederverwertbar.
Wirtschaft basiert auf gegenseitiger Fürsorge und Geschwisterlichkeit.

Ich **visualisiere**
lebensförderliche Begegnungen und Gemeinschaften in Stadt und Land,
in denen sich die Menschen unterstützen und einander Halt geben,
wo Jung und Alt voneinander lernt, wo Menschen mit speziellen Bedürfnissen voll integriert sind.
In den Städten und in den Dörfern wachsen Obst, Gemüse, Beeren und Nüsse.
Oft wird gemeinsam angebaut und gekocht.
Die erfüllenden Arbeitsplätze befinden sich vorwiegend in der eigenen Region.

Ich **gestalte**
mein Land aktiv mit und werde dabei von Weisenräten –
erfahrenen Herzensmenschen, die sich auf das Wohle allen Lebens ausgerichtet haben – unterstützt.
Mir zur Seite stehen Friedenshüter.

Ich **lebe in Fülle,**
denn das neue Geldsystem unterstützt das Wachstum des Lebens.
Die Medien verbreiten lebensbejahende Botschaften und Lösungen.
Voller Freude und dankbar nehme ich das Geschenk der Schöpfung
und des Lebens an.

Dies ist ein kurzer Auszug aus dem Manifest der Neuen Erde. Das ganze
Manifest als Buch bei Neue Erde – und vorgelesen von der Autorin hier:

www.thenewearthmanifesto.com

 Die Wienerin Catharina Roland ist eine vielseitige Künstlerin. Neben ihrer Ausbildung in Regie und ihrem Studium in Schauspiel, Theaterwissenschaft, Publizistik und Psychologie, ist sie auch als Theaterregisseurin und Synchronsprecherin tätig. Sie wurde mehrfach für ihre internationalen Werbefilmproduktionen ausgezeichnet. Zusätzlich ist sie Yogalehrerin und »Awakening Coach«. Im Jahr 2020 initiierte Catharina das *Manifest der Neuen Erde*, eine detaillierte Vision einer neuen lebendigen Erde, auf der sämtliches Leben geachtet und wertgeschätzt wird.

www.livingearth.one

FRIEDEN MIT DER ERDE SCHLIESSEN

Dr. Vandana Shiva

Übersetzung: Laura Spies

Die Erde, Gaia, Terra Madre, Pachmama, Vasundhara, Bhoomi, Prithivi oder wie immer sie genannt wird, ist ein selbstorganisierter, sich selbst regulierender lebender Organismus voller vielfältiger selbstorganisierter lebender Organismen – Träger ihrer Biodiversität.

Im Laufe von 3,3 Milliarden Jahren hat die Erde die biologische Vielfalt unseres lebenden Planeten entwickelt, von Viren und Biomen über Ökosysteme und Arten bis hin zu Gaia als Ganzes, die durch ihre biologische Vielfalt die Infrastruktur des Lebens schafft, erhält und pflegt, regeneriert und erneuert.

Jede Zelle, jede Mikrobe, jedes Wesen ist lebendig und intelligent, autonom und autopoietisch, selbstorganisiert und frei, dynamisch und sich entwickelnd, mit allem verbunden und nicht trennbar, in ständiger Evolution und Interaktion.

Mutter Erde hat Rechte, und wir haben die Pflicht, die Rechte der Erde und aller unserer Mitmenschen zu respektieren.

Wir sind mit allem Leben verbunden, durch die Luft, die wir atmen, das Wasser, das wir trinken, die Nahrung, die wir essen und durch unser Bewusstsein.

Wir sind lebendig, weil die Erde lebendig ist. Die Erde gibt uns Leben.

Wir sind Teil der Natur. Wir sind lebendig, weil die Natur lebendig ist.

Wir bestehen aus denselben Elementen, aus denen auch die Erde besteht – den Panchmahabhutas (Erde, Wasser, Feuer, Luft und Raum).

Leben ist Teilhabe an den Prozessen der lebendigen Erde.

Wir sind Luft und Atem. Wir sind Wasser. Wir sind Boden. Wir sind Nahrung.

Die Luft, der Boden und die biologische Vielfalt, das Wasser und die Nahrung sind die Lebensströme, die unser Leben mit dem Leben von Mutter Erde verbinden.

Wir atmen den Sauerstoff ein, den die Pflanzen ausatmen.

Wir trinken das Wasser, das im Wasserkreislauf durch die Erde zirkuliert. Einen Teil speichert sie in ihren Grundwasserleitern und im Boden, einen anderen Teil in unseren Quellen, unseren Bächen und Flüssen, die in die Ozeane fließen und dann verdunsten, um als Tau, Regen und Schnee wieder herabzufallen.

Wir ernähren uns von der Nahrung, die uns der Erdboden liefert, sie ist der »Geldumlauf« des Lebens, ist die Verbindung zwischen uns, der Erde und anderen Spezies, die das Netz des Lebens in Zusammenarbeit und Gegenseitigkeit weben: Wir sind Teil des Netzes des Lebens, welches ein Nahrungsnetz ist.

Wir sind Mitglieder der einen allseits verbundenen Erdfamilie: souveräne, autonome, selbstorganisierte, wechselseitig abhängige, intelligente Wesen.

Wir sind Biodiversität: durch Nahrung und Wasser, durch Atem und Luft, durch Leben und Intelligenz mit anderen Wesen verbunden.

Wir sind ein lebendiger, bewusster Strang im pulsierenden Netz des Lebens.

Wir sind durch das Leben und die Ströme des Lebens miteinander verbunden.

Panta rhei – Alle Dinge fließen.
Alle Dinge verändern sich.
Heraklit (ca. 535–475 v. Chr.)

Wir sind Teil der Erde und nicht von ihr getrennt.

Wir sind Kinder von Mutter Erde, nicht ihre Herren und Besitzer.

Wir sind durch das Leben mit nicht-menschlichen Arten und der menschlichen Familie verbunden.

Wir sind durch die lebendigen Währungen von Energie und Atem, Wasser und Nahrung miteinander verbunden. Wir haben die Pflicht, die lebenden Systeme der Erde und die Infrastruktur des Lebens zu schützen, die uns Leben, saubere Luft, sauberes Wasser und saubere Nahrung liefern. Alle Wesen haben ein Recht auf die Gaben der Erde. Alle Lebewesen haben ein Recht auf Leben und auf ihren Anteil am ökologischen Raum.

Andere Lebewesen sind keine Objekte, die man manipulieren und besitzen kann, um Profit, Macht und Kontrolle zu erlangen. Unsere Mitmenschen sind ebenso souveräne, lebendige, intelligente, selbstorganisierte, autonome Wesen, die voneinander abhängig sind und sich gegenseitig unterstützen.

Die Erde und ihre Ressourcen sind lebendig, Menschen und Gemeinschaften kümmern sich um die Natur, regenerieren ihre Ressourcen und schaffen gemeinsamen Wohlstand. Geteilter Reichtum schafft die Voraussetzungen für Frieden.

In der lebendigen Welt der Biodiversität ist alles Leben heilig, und das Leben strebt danach, das Leben zu nähren und zu unterstützen. Leben ist die Natur des Lebendigen.

Als Menschheit und als planetarische Zivilisation befinden wir uns in einer existenziellen Krise, weil die Rechte der Natur und der verschiedenen Kulturen verletzt wurden, indigene Völker im Laufe von 500 Jahren Kolonialismus entwurzelt, vertrieben und ausgerottet wurden.

Eine Million Arten sind vom Aussterben bedroht, und jeden Tag sterben 200 aus. Der Weg, den die Menschheit derzeit einschlägt, ist eindeutig nicht nachhaltig, denn er zerstört das Leben auf der Erde, die Infrastruktur des Lebens selbst.

Nicht nachhaltige Systeme entwickeln sich zu einer Bedrohung für das Überleben der menschlichen Spezies.

Auch der Mensch ist eine bedrohte Art.

Frieden mit der Erde zu schließen und das Aussterben aufzuhalten, bilden einen zusammenhängenden Prozess, denn wir sind Teil der Natur und nicht von ihr getrennt. Wir sind eine Erdfamilie auf einem Planeten, gesund in unserer Vielfalt und Verbundenheit. Die Gesundheit des Planeten und unsere eigene Gesundheit sind nicht voneinander zu trennen. Das Wohlergehen anderer Orte, anderer Menschen und anderer Arten beeinflusst unser Wohlergehen. In einer verbundenen Welt gibt es kein getrenntes, unverbundenes »Anderes«.

Wir sind **eine Menschheit auf einem Planeten. Alle Menschen sind gleichwertig.** Unsere Vielfalt bereichert das Leben und darf nicht als Rechtfertigung für Ungleichheit und Ungerechtigkeit herhalten. Auch die künftigen Generationen haben ein Recht darauf, die Gaben der Erde zu genießen. Heutige Generationen haben die Pflicht, für künftige Generationen zu sorgen. In vielen Kulturen wird dies als »Ethik der siebten Generation« bezeichnet: den sieben Generationen, die vor dir gelebt haben, dankbar zu sein und so zu handeln, dass die nachfolgenden sieben Generationen nicht geschädigt werden. Sich um künftige Generationen zu kümmern heißt, die Gaben der Natur in ihrer ganzen Vielfalt, Integrität und Reinheit zu schützen, damit sie an die noch kommenden Generationen weitergegeben werden können.

Frieden mit der Erde zu schließen, beginnt damit, die Rechte aller Lebewesen anzuerkennen und zu respektieren und unserem Eingreifen Grenzen zu setzen.

Anstatt zu versuchen, die Natur zu kontrollieren, müssen wir die Gier kontrollieren. Sowohl unsere persönliche Gier als auch die grenzenlose Gier des mächtigen 1%, die uns im Hamsterrad des Konsums halten, um Profit zu machen. Hier ist die kreative Arbeit der Erddemokratie und der ökologischen Gerechtigkeit gefragt.

Die tiefgreifenden Krisen der Ausgrenzung und des Aussterbens laden uns ein, unsere lebendige Intelligenz zu entfesseln, um für alle Wesen zu sorgen und durch unsere Fürsorge den Planeten und uns selbst zu heilen und zu regenerieren.

Jeder Schritt hin zu mehr Raubbau, mehr Komplikationen, mehr Manipulation, mehr Konzentration führt zu einer stärkeren Inanspruchnahme der Ressourcen der Erde und nimmt anderen Arten, anderen Menschen und künftigen Generationen ihren gerechten Anteil.

In einer vernetzten Welt, in der sich das Leben regeneriert, führt die Entnahme von mehr als dem rechtmäßigen Anteil durch Verletzung der ökologischen Grenzen der Regeneration zu einer ökologischen Krise. Die Verletzung der ethischen Grenzen der Gerechtigkeit schafft Knappheit, Armut und Hunger in der Gesellschaft. Wenn die Mächtigen durch extraktivistisches Produktions- und Konsumverhalten, die sie forcieren, mehr von den Gaben der Erde nehmen, bleibt weniger für andere übrig. Extraktivismus und Gier sind die Wurzel von Armut und Hunger.

Das Zusammenleben mit anderen Lebewesen auf der Erde macht die Einfachheit (den Verzicht auf Unordnung) zu einer ethischen und ökologischen Verpflichtung. Wir können uns nehmen, was wir brauchen, um unser Leben zu erhalten, indem wir innerhalb der ökologischen und planetarischen Grenzen leben und somit genug ökologischen Raum für andere Wesen lassen.

Wir teilen diesen Planeten mit anderen Wesen, die alle ein Recht darauf haben, in Gesundheit, Wohlbefinden und Freiheit zu leben und sich zu entwickeln. Alle Lebewesen brauchen ihren Anteil am ökologischen Raum und das Recht, an den Lebensprozessen teilzunehmen, die Nahrung und Wasser für alle sicherstellen. Wenn wir mehr von der Erde entnehmen, überschreiten wir die Grenzen unseres rechtmäßigen Anteils, wir stören die planetarischen Grenzen, die ökologischen Grenzen und die Integrität der Arten.

Im Netz des Lebens unterstützen sich die Arten gegenseitig. Wenn wir andere ihres Anteils berauben, entziehen wir den Menschen schließlich ihre Grundbedürfnisse, was zu einer sich verschärfenden Nahrungs- und Wasserkrise, zu Armut, Hunger und Verhungerten führt. Nachhaltigkeit und Gerechtigkeit gehören zusammen, denn wir leben in einer vernetzten Welt.

Wir Menschen sind nicht von der Natur getrennt und ihr überlegen, wir sind Teil der Natur. Es gibt keine Menschen, die besser sind als andere. Niemand hat das ethische und ökologische Recht, den Anteil der anderen zu nehmen.

In einer vernetzten Lebenswelt zeigen uns Zufriedenheit, Genügsamkeit und Einfachheit den Weg zu Zufriedenheit, Glück und Wohlbefinden, ohne die Rechte anderer zu verletzen. Unser Sinn und unsere Zufriedenheit im Leben kommen aus dem Sein, nicht aus dem Haben, sie kommen durch Beziehungen der Fürsorge, des Mitgefühls und der Gegenseitigkeit, nicht durch Anhäufung von Dingen und der gewaltsamen Aneignung vom Reichtum anderer, aus der Einheit und dem Einssein mit anderen Wesen, nicht aus einer Trennung und dem Gefühl der Überlegenheit.

Einfachheit und *Genügsamkeit* sind das Bewusstsein und die Erkenntnis des Einsseins und der Genügsamkeit.

Wie ich in meinem Buch *Frieden mit der Erde schließen* geschrieben habe:

»*Genügsamkeit* ist für die Erfahrung einer Freiheit, die die Freiheit aller Wesen und aller Menschen einschließt, unerlässlich geworden.

Genügsamkeit schafft die Voraussetzungen für Frieden, sowohl für Frieden mit der Natur als auch für Frieden zwischen den Menschen. Die Gier treibt Ressourcenkonflikte, Kriege mit der Erde und Kriege gegen Menschen an.

Genügsamkeit beruht auf Fürsorge für Erde und Gesellschaft. Diese Fürsorge schafft den Imperativ des Teilens, der Wiedergewinnung der Allmende. – Eine Kultur des Teilens ist eine Kultur des Friedens.

Genügsamkeit ist die Grundlage von Erddemokratie und Erdbürgerschaft.

Frieden mit der Erde zu schließen, bedeutet auch, Gewalt gegen die Erde als ein Verbrechen zu werten, als Ökozid. Im Juni 2021 definierte ein unabhängiges Expertengremium die rechtliche Definition des Begriffs Ökozid wie folgt:

Der Begriff »Ökozid« bezeichnet rechtswidrige oder vorsätzliche Handlungen, die in dem Wissen begangen werden, dass eine erhebliche Wahrscheinlichkeit besteht, dass durch diese Handlungen schwerwiegende und entweder weitreichende oder langfristige Schäden an der Umwelt verursacht werden.

In 11 Ländern, darunter Armenien, Weißrussland, Kasachstan, Russland und Ukraine, ist Ökozid ein Verbrechen. In weiteren 27 Ländern wird aktiv darüber diskutiert. Im März 2023 verabschiedeten die europäischen Gesetzgeber einen Entscheid, in dem sie die großflächige Umweltzerstörung als Ökozid deklarierten – ein Verbrechen, das vom Internationalen Strafgerichtshof (IStGH) neben Straftaten wie Kriegsverbrechen und Völkermord verfolgt werden könnte.

Dr. Vandana Shiva ist eine renommierte indische Umweltaktivistin, Wissenschaftlerin und Autorin. Sie ist bekannt für ihren Einsatz im Bereich der Umwelt- und Landwirtschaftspolitik. Sie gründete die Organisation Navdanya, die sich für die Erhaltung der biologischen Vielfalt und die Rechte von Kleinbauern einsetzt. Zudem ist sie eine entschiedene Kritikerin von genetisch veränderten Organismen und setzt sich für eine nachhaltige, ökologische Landwirtschaft ein. Shiva hat zahlreiche Bücher zu Themen wie Umweltschutz, Landwirtschaft und Globalisierung geschrieben, ihr neuestes auf deutsch ist *Agrarökologie und (echte) regenerative Landwirtschaft.*

https://vandana-shiva.de

Ein Ort der Zugehörigkeit

Llewellyn Vaughan-Lee

Übersetzung: Sabine Reinhardt-Jost

Zu Frühlingsbeginn waren die Narzissen, die ich im Herbst gesetzt hatte, die ersten Blumen, die blühten – leuchtend gelb quer durch den Garten. Ein paar sich zur Sonne hin öffnende Blüten, teilweise mitgenommen durch die Frühlingsregengüsse. Und dann erwachte der Garten und all die Farben zeigten sich: apfelblütenrosa, birnenblütenweiß. Die Glyzinie, die sich lavendelblau über den Gartenschuppen ergießt, und dann der Jasmin, eine leuchtend weiße Wand, der die Abendluft mit seiner Süße erfüllt. Dies hier ist die Geschichte der Jahreszeiten, die immer wiederkehren und herbeigesehnt werden, weil der Garten mit Farben und Düften lebendig wird und im Gemüsegarten die ersten Salate zu ernten sind und die Tomatensetzlinge für später eingepflanzt werden können. Und der kalifornische Mohn malt den Wegsaum orange und gelb und Wildrosen die Ränder der Straße rosafarben. Wie sehr wir den Frühling erwarten und wie tief er die Substanz unseres Seins berührt, indem er uns daran erinnert, was entsteht; Samen, die zu Pflanzen werden, zu Blumen oder Gemüse.

Während unsere Welt immer mehr aus dem Gleichgewicht trudelt, erzählt diese schlichte Schönheit eine grundlegendere Geschichte, verwurzelt in der Erde, in ihren Jahreszeiten und Rhythmen wie auch tief in unserer Seele. Das ist das Land, über das wir jahrtausendelang zogen, wo unsere Füße den Boden berührten, wir die Luft atmeten, den Duft von Blumen, Gräsern und Bäumen – bevor wir eine von der Erde abgekoppelte Kultur erschufen, bevor wir aufhörten, mit den

Flüssen und Bergen zu sprechen, bevor wir vergaßen, dem Wind zu lauschen.

Ich habe das Glück, inmitten von Natur zu leben, meinen Morgenspaziergang durch das Feuchtland zu machen, den Graureiher zu beobachten, dessen Gefieder sich im Wind sträubt und wie sein elegant gebogener Hals auf der Lauer nach einem Fisch sich zu strecken beginnt. Manchmal zeigen sich die Fischotter – Augen und Nasen knapp über Wasser – oder sie tauchen auf der Sandbank auf, um mit ihrer Familie umherzutollen, und purzeln im Sand umher, während nahebei der Graureiher zuschaut. Sie erzählen eine Geschichte, die so anders ist als die Dystopie, die unsere Welt zu verschlingen scheint – eine einfache Wahrheit, die in jeder und jedem von uns tief verwurzelt ist. Während ich älter werde, wird die Welt jenseits unserer kleinen Community hier an der Küste seltsamer und seltsamer, und ich bin dankbar, den Frieden zu spüren, der entsteht, wenn ich das Fallen und Steigen des Wassers in der Bucht verfolge, Ebbe und Flut, ein Rhythmus, der sich in den Zellen meines Körpers widerspiegelt wie auch der abnehmende und zunehmende Mond.

Wo gehören wir wirklich hin in dieser Welt, die scheinbar ohne Mitte ist, wo wir so leicht getrennt werden, wo wir die Umwelt zerstören und dabei den kommenden Generationen die Zukunft rauben, wo wir ursprüngliche Orte und wilde Schönheit auslöschen, nur um eine Maschinerie zu füttern, die sich nicht um unser Wohlergehen oder das Wohlergehen der Erde schert? Wie können wir uns wieder verbinden, wie zu einem Ort der Zugehörigkeit zurückkehren? Wo können wir noch die Orte finden, wo die »Songlines« des Landes mit den »Songlines« unserer Seele zusammenkommen?*

Unser Haus am Hang über der Bucht hat einen wundervollen Garten, den meine Frau angelegt hat und mit Liebe pflegt, mit Wasser

---

* Songlines sind komplexe Verbindungen aus Mythen, Liedern und geografischen Merkmalen in der Kultur der australischen Aborigines. Sie dienen als Landkarten, um sich zu orientieren, Geschichten zu erzählen und spirituelle Verbindungen zum Land herzustellen.

versorgt und wo sie das Unkraut jätet. Er ist voller Farben und Düfte, Violetts, Gelbs und Rosas. Buddleja-Büsche, Fingerhüte, Clematis wallt über den Zaun, und mit langen Schnäbeln trinken die Kolibris den Nektar. Es ist ein magischer Raum, und die Geister des Gartens sind so glücklich. Es gehört zu den Freuden meines Alters, im Innenhof zu sitzen und den Vögeln an den Futterspendern zuzuschauen, meist Spatzen und Finken, und manchmal kommen auch Spechte mit ihren leuchtendroten Köpfen und picken sich Samen.

Wenn ich von Reisen für meine Arbeit zurückkehrte, trat ich immer zuerst in den Garten und fühlte seinen Frieden, spürte seine natürliche Magie. Dann wusste ich, dass ich zu Hause war. Dieser Begegnungsort der Welten singt zu mir, erinnert mich an etwas Einfaches, Essenzielles, auch wenn ich hier noch die Autos von der Straße unten am Hang hören kann. Hier ist die Erde lebendig, ein numinoses Geheimnis.

Über Tausende von Jahren bewahrte unser Bewusstsein eine magische Wahrnehmung des Landes und seiner zahllosen Bewohner, in Geschichten weitererzählt, in Liedern erinnert. Wodurch diese Rolle aus unserem Bewusstsein verschwand, gehört zu unserer Geschichte des Vergessens, aber es gab einmal eine Zeit, wo alles Land eine durch und durch belebte Welt war, in vielerlei Weise erwacht. Wenn du also ein Tor finden kannst, das offen ist, bleib dort, beobachte deine Träume und fühle, wie die Erde noch immer in vielen Stimmen spricht. Wenn wir dazu beitragen können, dass ein noch so kleines Stück Erdboden wieder lebendig wird, dass auf einer Brache wieder Blumen wachsen und dadurch Bienen und Vögel angezogen werden, entdecken wir vielleicht: Wir sind zurück an einem Ort der Zugehörigkeit. Liebe und Fürsorge für die Erde sind Worte, die durch unsere Finger lebendig werden und uns daran erinnern, warum wir hier sind.

Nicht alle von uns können Bio-Bauern werden, Wildnisgebiete wiederherstellen oder Bäume pflanzen. Aber wir können alle fühlen, dass der Erdboden heilig ist, sogar in einem Kräuter- oder Blumenkasten auf der Fensterbank in der Stadt. Wir können unseren Kindern zeigen, wie man Samen in die Erde pflanzt und mit ihnen das kleine Wunder des Keimens beobachten. Wir können lernen, mit der Erde zu sprechen, mit den Blumen und den Bäumen. In meinem Garten steht ein alter Mammutbaum, der schon lange da war, bevor die Leute mit ihren Häusern und Straßen kamen, als die Miwok-Indianer der Küste noch leichtfüßig über das Land gingen und seine Tiergeister ehrten. Wenn ich mich zu ihm setze und meinen Rücken an seine Rinde lehne, kann ich seine Präsenz spüren, wie sie bis tief in den Boden reicht wie auch hoch nach oben in seine Krone. Er ist freundlich zu mir und gestattet mir, ihm von meinen Sorgen zu erzählen, in der alten Sprache von Geist zu Geist. Meist sitze ich in Stille bei ihm und bin dann einfach nur dankbar für seine Gegenwart.

Durch die Stille können wir anfangen zu fühlen, wie wir zu einer inneren und äußeren Landschaft gehören, die über viele Fäden miteinander verwoben sind. Unsere Partnerschaft war nie nur mit der physischen Welt und ihren vielen Arten, sondern immer mit allen Welten, den sichtbaren wie den unsichtbaren. Am Anfang flossen sie alle ineinander, erst viel später begann es, dass sie sich trennten und wir Initiationen und Praktiken brauchten, sie zu sehen, den Einen Geist wahrzunehmen, der alles durchdringt und erfüllt. Aus diesem Grund können Kinder in den ersten Jahren in einer Welt der Verzauberung bleiben, bevor ihre Augen getrübt werden.

Vielleicht kann ich mich glücklich schätzen, dass ich kein junger Mann mehr bin, gefangen in den Geschäftigkeiten des Alltagslebens. Ich muss nichts mehr erreichen und wünsche mir nur wenig außer dem frischen Brot, das meine Frau backt. Das lässt mehr Raum für das Unsichtbare, für die halb versteckten und so leicht übersehenen Pfade, für das Wahrnehmen der Magie, wie sie in die Landschaft eingewoben ist. Vielleicht bin ich nur ein Träumer, der sich nach dem Zauberland sehnt, das er als Kind nie erfahren durfte, oder der wehmütig nach einer verlorenen Zeit ist, als die Heckenreihen noch voller Wildblumen und Kräuter, voller Bienen und Schmetterlinge waren, bevor Pflanzengifte die Felder füllten. Aber diese Träume sprechen zu mir, Visionen von einer Welt, die unsere Vorfahren einst kannten.

Ich weiß nicht, welche Qualität der Wahrnehmung uns in den
kommenden Jahrhunderten zurückgegeben werden wird. Ich hoffe,
dass das Wiederverbinden mit der uns umgebenden natürlichen
Welt helfen wird, die Scheuklappen unseres rein rationalen Bewusstseins abzulegen und zu einer Weise zu finden, die verbundener sieht
und lebt. Gegenwärtig können wir nicht mehr tun als anzuerkennen,
dass die Welt um uns herum in so vielerlei Hinsicht lebendig ist, wie
wir das noch gar nicht wirklich verstehen, und uns zu gestatten, den
Bäumen und den Bächen zu lauschen und uns wieder dieser Lebendigkeit voll und ganz zu erinnern. Hier, in meinem Garten, ist das
Treffen mit dem Heiligen einfach; es lässt sich so deutlich in der Luft
spüren wie die Süße des Geißblatts am Abend. Es ist wie eine Note,
die zutiefst beruhigt und mich an einen Ort der Zugehörigkeit erinnert, der nicht nur physisch ist. Wenn ich dort am Abend sitze und
beobachte, wie die Schatten auf den Blumenbeeten länger werden
und die Streifenhörnchen noch immer auf der Suche nach den aus der
Futtersäule gefallenen Samen umherhuschen, fühle ich mich nicht
mehr wie ein Fremder in einer Welt, die außer Kontrolle geraten ist.

Der Frühling geht zu Ende und die Jahreszeiten wechseln. Hier
draußen an der Küste kommt im Sommer eine Zeit des Nebels, der sich
manchmal gegen Mittag in der Sonne auflöst, doch meist bleibt ein
leichter Dunstschleier, und das Abendlicht fällt sanft und diesig durch
die Bäume. Die noch gefleckten Rehkitze kommen dann mit ihren
wachsamen Müttern zum Grasen. Bald wird es Herbst, und im Garten
können Kürbis und Tomaten geerntet werden und ergeben ein wun-
derbares Essen, und die grünen, nicht mehr reif gewordenen Tomaten
werden zu Chutney gekocht. Und dieses Jahr sind die Krähen hoffent-
lich nett und lassen uns ein paar Äpfel übrig. Auch mein eigenes Leben
wandelt durch die Jahreszeiten, da das Alter meine Seele berührt und
viele Dinge jetzt einfacher werden. Wir alle sind Teil dieser Zyklen, Teil
dieser Erdveränderungen. Unsere Kultur verheißt uns eine Zukunft
der künstlichen Intelligenz, aber unsere Körper und unsere Seelen wissen es besser – sie wissen, dass wir zu Mustern gehören, die in die lebendige Erde wie auch in unsere Träume eingewoben sind.

Ebbe und Flut, die Zyklen der Jahreszeiten, Pflanzen und Ernten und die Lebensabschnitte. Wenn wir Glück hatten, war unsere Kindheit eine Zeit der Verzauberung, der natürlichen Magie, in der alles lebendig war und zu uns sprach. Ich habe eine solche Kindheit nicht erfahren, aber jetzt erfahre ich dieses Wunder um mich herum. Ich würde gern sagen, ich bin weiser geworden, aber ich bin nicht sicher, ob ich weiß, was Weisheit in einer so verdrehten Welt ist. Ich weiß, dass uns die Natur erzählt, was lebenswichtig ist, und eine Wahrheit spricht, die oft tiefer ist als alle Worte. Dass sie Frieden bringt. Früher las ich spirituelle Bücher – aber jetzt finde ich diese Wahrheit überall um mich herum. Als sich die ersten Frühlingsnarzissen öffneten, sprachen sie unmittelbar zu meiner Seele und erinnerten mich an ein chinesisches Gedicht:

Zehntausend Stufen bist du hochgestiegen
auf der Suche nach dem Dharma.
So viele lange Tage in den Archiven
hast du abgeschrieben und abgeschrieben.
Die Gewichtigkeit des Tang und die Tiefsinnigkeit des Sung
sind schweres Gepäck.
Hier! Ich habe dir einen Strauß Wildblumen gepflückt,
ihre Bedeutung ist dieselbe,
doch sie lassen sich leichter tragen.

Llewellyn Vaughan-Lee ist ein britischer Sufi-Meister und Autor, der sich auf spirituelle Themen und die Verbindung zwischen Mensch und Umwelt spezialisiert hat. Er ist bekannt für seine Lehren zum Thema Spiritualität, Ökologie und die Notwendigkeit eines tieferen Bewusstseins für die Erde. Vaughan-Lee ist Autor mehrerer Bücher zu diesen Themen und hat weltweit Vorträge gehalten. Er ist Herausgeber der Essay-Sammlung *Spirituelle Ökologie – Der Ruf der Erde*.

YouTube: »Spirituelle Ökologie – Der Ruf der Erde« (HD)

EIN GANZHEITLICHER WEG ZUR PERSÖNLICHEN UND PLANETARISCHEN TRAUMAHEILUNG

Jack Adam Weber

Übersetzung: Laura Spies

Als ich 26 Jahre alt war, begab ich mich auf die tiefgreifendste Heilungsreise meines Lebens. Ich arbeitete mit einem Psychotherapeuten aus einer körperzentrierten somatischen Sichtweise heraus, um meine größten Wunden aus der Kindheit und aus Liebesbeziehungen aufzudecken. Ich dachte, ich würde mich in Therapie begeben, um an meinen Vaterproblemen zu arbeiten, aber was ich in meinem Körper entdeckte, und was mir zu Beginn nicht bewusst war, das war, wie groß meine Mutter(erd)wunde war.

Was verlangt der Klimaaktivismus?

Ohne die emotionale Intelligenz, die ich durch diese innere Arbeit gewonnen habe, wäre ich nicht die Person, die ich heute bin. Das große Herz, das ich durch die Arbeit zurückgewonnen habe, bringe ich in alles ein, was ich schreibe, was ich liebe und für dessen Schutz ich kämpfe. Die Traumaarbeit hat mich auf den Klimaaktivismus vorbereitet, denn Aktivismus erfordert nicht nur den Mut, schmerzhafte Erkenntnisse und Erfahrungen zu ertragen, sondern auch zu wissen, wie man diese in Leidenschaft und Zielsetzung umwandelt. Ohne das alchemistische Herz kann man leicht zurückschrecken oder überwältigt werden. Aus diesem Grund widme ich der Traumaheilung in *Klima-Heilung* so viel Aufmerksamkeit.

Es ist von entscheidender Bedeutung, ein zur Transformation berei-tes Herz zu haben, wenn wir versuchen, einen Teil der Welt zu retten. Andernfalls bereiten wir uns selbst Schmerzen, die uns in den Knochen stecken bleiben, denn der Kampf gegen Ungerechtigkeit erfordert Wider-standsfähigkeit und die Fähigkeit, Schmerz in Leidenschaft und Zielstre-bigkeit zu verwandeln. Viele, die sich weigern, ihre Stimme zu erheben und sich für eine Sache zu engagieren, die größer ist als sie selbst, wissen viel-leicht instinktiv, dass sie nicht die innere alchemistische Fähigkeit besitzen, Schmerz umzuwandeln, oder sie fühlen sich bereits zu sehr von ihm belastet und weigern sich daher, sich zu engagieren. Schlimmer noch, sie leugnen vielleicht, dass das Problem überhaupt existiert, damit sie die Konsequen-zen des Abwägens und Handelns nicht spüren müssen.

Gerade deshalb ist es für die Schaffung einer neuen Welt so wich-tig, zu lernen und zu üben, wie man Schwierigkeiten verkörpern und durch sie erneuert werden kann. Mit anderen Worten: Unsere Angst vor dem Schmerz – wenn wir ihn nicht ertragen oder nicht wissen, wie wir durch ihn wachsen können – schränkt unsere Fähigkeit ein, uns selbst und den Planeten zu heilen.

Vor der Therapie

In meinen frühen Zwanzigern, bevor ich eine Therapie begann, ging ich zu Satsangs (spirituelle Weisheitsversammlungen), um indische und westliche Gurus (Lehrer) sprechen zu hören. Meine Freunde wollten nicht mit mir dorthin gehen, weil ich unablässig die gleiche Frage stellte: *Was soll ich mit meinem Schmerz tun?* Gewöhnlich gaben sie eine lapidare Antwort. Also bohrte ich weiter nach, so weit sie mit mir gehen wollten. Keiner ging je weit genug oder antwortete zu meiner Zufriedenheit.

Nachdem ich mich mit Gurus abgeplagt hatte und auf die ständige Empfehlung eines Mentors hin, ging ich schließlich zu einer The-rapeutin, die er mir empfahl. Ich wusste nicht wirklich, worauf ich mich einließ, obwohl ich immer noch nach einer Antwort suchte, was ich mit meinem Schmerz anfangen sollte. Nachdem ich mich immer wieder gewehrt hatte, rief ich schließlich bei meiner zukünftigen Therapeutin Charlene an.

Ich kam zur Psychotherapie mit einem soliden körperlich-geistigen Hintergrund in Yoga, Tai Chi, Meditation und Naturverbundenheit. Trotz all dieser »spirituellen« Praktiken fühlte ich mich immer noch wütend und weitgehend unerfüllt in meinem Leben. Wie ich später erkannte, lag das daran, dass der unbewältigte Schmerz, den ich in mir trug, das Gefühl der Leere hervorrief. All die »spirituellen« Praktiken, die ich ausübte, hatten nicht wirklich das berührt, was mich von einem erfüllteren Leben abhielt. Dennoch verschafften mir die Praktiken die notwendige Körper-Geist-Integration, die ich für die somatische Psychotherapie brauchte. Sie ermöglichten es mir, tief in meinen Körper hineinzuspüren und seinen Schmerz und seine Verlustgeschichte zu entdecken.

Es war ein schrittweiser Prozess, bei dem ich mich in die subtilen Empfindungen und die tiefe Weisheit meines Körpers hineinfühlte. Nach vielen Monaten, in denen ich diesen Empfindungsfäden durch mein Fleisch folgte, befand ich mich mitten in der Arbeit mit dem inneren Kind.

Der Beginn der Therapie

An meinem ersten Therapietag setzte ich mich aus eigenem Antrieb auf Charlenes Couch und ließ mein Bewusstsein intuitiv in meinen Körper steigen – als würde ich meditieren, wie ich es schon seit Jahren getan hatte. Aber dieses Mal war es anders. Anstatt nur auf meinen Atem und meinen Körper zu achten, begann ich, meinen tiefen Schmerz zu spüren. Ich begann auch, in ihn hineinzuhören und dem körperlichen Schmerz eine Stimme zu geben. Dies wurde zu meinem Narrativ der Verwundung, das mich durch eine tiefe, dunkle Nacht der Seele führte und mich schließlich zu einem viel erfüllteren und reicheren Menschen werden ließ. Dieser Prozess war so tiefgreifend und transformierend, dass ich mein Leben als »davor und danach« betrachte.

Von diesem Tag an hörte ich auf, meinem Herzschmerz aus dem Weg zu gehen. Ich verkörperte die Redensart: *You have to feel it to heal it* – Du musst es fühlen, um es zu heilen.

Ich habe diese erschütternde Arbeit zweieinhalb Jahre lang mit Charlene durchgestanden. Sie hatte mir einen unglaublichen, mitfühlenden Raum zum Entdecken und Entspannen geboten. Ich entdeckte aus erster Hand, dass Trauer und Liebe zwei Seiten derselben Medaille sind. Später nannte ich es »Trauerarbeit« – das Aufarbeiten von altem Schmerz, der nie die Chance bekommen hatte, das Licht der Welt zu erblicken. Ich habe in dieser Zeit mehr geweint als in meinem ganzen Leben zusammen, sehr viel mehr. Ich besuchte all die leeren, gefühllosen, blockierten und engen Stellen in meinem Körper. Ich spürte den Schmerz des Verlassenseins und des Zerbrechens. Das Schreiben und Verfassen von Gedichten half mir, das alles durchzustehen. Hier ist eines, nachdem ich zu erkennen begann, dass der Zweck des Schmerzes darin bestand, mir zu helfen, mein wahres Selbst zu befreien, wenn es sicher war, dies zu tun:

Und die Seele sprach

Ich habe kein Interesse daran, geheilt zu werden,
denn ich war nie verletzt.

Ich musste nur auf diese wunderbare Weise geknackt werden,
auf diese wunderbar schmerzhafte Weise.
Nicht über Dinge hinwegzukommen
erlaubt ihnen, uns zu bewegen

in breitere Räume zu bewegen und nur eine Spur zu hinterlassen
in den Flügeln, die sie öffnen.

Meine Heilungsreise war völlig paradox. Je mehr ich meine Ängste und meinen Kummer umarmte und willkommen hieß, desto mehr bewegten sie sich durch mich... Bis eines Tages mein inneres Wasser endlich klar wurde. Überraschenderweise veränderten mich meine

Gefühle in diesem Prozess. Ich entdeckte, dass ich den Schmerz nicht losließ; er ließ mich los, sobald er mich verwandelt hatte. Der Trick bestand also darin, ihn willkommen zu heißen, ihn zu verkörpern und sich den Gefühlen völlig hinzugeben. In diesem Prozess hatte ich eine entscheidende Einsicht: *Körperliche Wunden und Infektionen müssen geheilt werden. Emotionale Heilung ist etwas anderes: Wir heißen den Schmerz willkommen, damit er uns erneuern und schließlich befreien kann.*

Diese Arbeit machte in mir einen Raum frei, in dem ich mehr von meinen eigenen Kämpfen und denen der Welt spüren konnte. Während einer dieser Phasen, in denen ich meine Trauer über eine zerbrochene Beziehung verarbeitete, erinnere ich mich an mein Erstaunen darüber, wie tief ich den Schmerz über den Verlust dieser Liebe empfand. Charlene kommentierte: »Jetzt ist so viel mehr von dir verfügbar, um ihn zu fühlen.« In der Tat hatte ich mein Herz genug von vergangenen Traumata befreit, um den aktuellen Verlust tiefer und vollständiger betrauern zu können. In meinem Inneren war jetzt genug Platz, um den Schmerz aufzunehmen.

Das gleiche scheint auch für die kollektive Klima-Trauer zu gelten. Wenn wir zu viel aufgestauten Schmerz haben, können wir nicht mehr viel aufnehmen; wir haben einfach keinen Platz dafür. Also ignorieren wir die Klimakrise, mit dem Ergebnis, dass die Krise immer weiter voranschreitet, ohne dass unsere leidenschaftliche Fürsorge und unser Handeln einen ausreichenden Unterschied ausmachen können.

Unser persönliches Leben und die Klimaveränderungen

Ich habe all den Schmerz, den ich in meinem Körper finden konnte, aufgedeckt und ihn in Vitalität verwandelt. Deshalb schreibe ich so viel über Paradoxie, fruchtbare Dunkelheit, somatische Arbeit, das Annehmen unseres Menschseins, emotionale Intelligenz und insbesondere Trauerarbeit. All diese Dynamiken gelten für unser persönliches Leben ebenso wie für das Klima. Wie ich in *Klima-Heilung* darlege, sind die gleichen Emotionen, die wir brauchen, um unsere persönlichen Konflikte zu bereinigen, auch genau die, die wir brauchen, um dem Planeten zu dienen. Vielleicht sagt der mit dem Nobelpreis ausgezeichnete Psychologe Daniel Kahneman deshalb über die Klimakrise: »Um die Menschen zu mobilisieren, muss sie ein emotionales Thema werden.«

Die Therapie wurde für mich zur »Werkstatt der Werkstätten«. Ich hatte viele Selbsthilfekurse besucht, aber nichts berührte mich so sehr wie meine Trauerarbeit, bei der ich tief in meinen Körper hineinspüre. Es dauerte nicht lange, bis ich erkannte, dass ich unbeabsichtigt auf die Antwort gestoßen war, wie ich mit meinem Schmerz umgehen konnte. Mein Interesse an Selbsthilfekursen und -büchern verflog. Auch meine »spirituellen« Praktiken wie Meditation und Yoga ließ ich los, denn sobald der Damm der Tränen brach, waren diese Praktiken größtenteils nur noch im Weg. Die Therapie und die Integration meines Schmerzes wurden zu meiner wichtigsten Meditations- und Yogapraxis. Ich musste mit meinem tiefen Herzschmerz ganz bei mir sein – und mich nicht über ihn erheben, ihn umgehen, körperlich entspannen, ihn loswerden oder anderweitig versuchen, ihn mit anderen Praktiken zu lindern.

Ich musste zuhören, mich mit jemandem unterhalten, mit ihm kommunizieren und, was am wichtigsten war, alles fühlen. Dabei haben mir Massagen, Akupunktur, Chiropraktik und sanftes Dehnen geholfen.

Ich höre nicht mehr auf »spirituelle« Gurus. Mein Guru war die ganze Zeit über in mir: mein Schmerz. Er hat mich geweckt. Mir ist auch klar geworden, dass die meisten Menschen keine Ahnung haben, dass dieser Prozess möglich ist; dass, wenn wir uns unserem größten Schmerz stellen und ihn auf eine verkörperte Weise annehmen, das größte Gute entstehen kann.

Hingabe an den Aktivismus

Meine Hingabe an den Aktivismus, an die Fürsorge und daran, die Welt zu einem besseren – oder heutzutage einfach zu einem bewohnbaren – Ort zu machen, entstand aus dem Umgang mit meinem eigenen Schmerz und der Auseinandersetzung damit. Ich habe gelernt,

mein Herz zu alchemisieren – zu meiner eigenen Freude und zum
Wohle der Allgemeinheit. Je mehr ich mit meiner Vernachlässigung
und Verwundung in Berührung kam, desto mehr wurde mir klar, wie
wir den Planeten und uns gegenseitig vernachlässigen. Wenn Ver-
lassenheitsverletzungen und unbewältigter Kummer Amok laufen,
lassen wir andere im Stich, auch die Erde. Indem ich aus erster Hand
lernte, meinen eigenen Schmerz anzunehmen und zu verarbeiten,
öffnete sich mein Herz für das Leiden von allen und allem. Je mehr
ich meinen eigenen aufgestauten Herzschmerz auflöste, desto mehr
Raum hatte ich für die Probleme der Welt. Ich konnte mich in der
Gegenwart mehr um beides kümmern, weil ich nicht mehr so sehr
von der Vergangenheit belastet war.

Heute bin ich immer wieder frustriert und traurig über den man-
gelnden Willen, die Klimakrise und andere kollektive Traumata an-
zugehen. In Wahrheit bieten die Traumata und Belastungen der Menschen vielleicht einfach nicht die nötige Bandbreite, besonders
vielleicht bei den Armen und anderweitig Ausgegrenzten. In armen
Ländern scheinen sich jedoch Menschen mit geringen Mitteln intensiv gegen Ungerechtigkeit zu engagieren. Ich bin mir also nicht so
sicher, dass Armsein Mut und Aktivismus ausschließt. In manchen
Fällen scheint es den Aktivismus sogar zu fördern.

Schmerz willkommen heißen

Zwei der wichtigsten Fähigkeiten für die Arbeit mit Tod und Wieder-
geburt, mit der ich mich beschäftigte, sind Demut und Selbstaufrich-
tigkeit. Es erfordert viel demütige Hingabe, um unsere Unzulänglich-
keiten zuzugeben und in unserem Schmerz zu ruhen. Die Arbeit im
Schatten, in der dunklen Nacht der Seele, erfordert schonungslose,
brutale Ehrlichkeit – denn was nicht eingestanden wird, bleibt ungeheilt. Was ungeheilt bleibt, ändert sich nicht und wird meist noch
schlimmer. Doch es erfordert auch Mut, so ehrlich zu sein. Selbst-
ehrlichkeit, Demut und Mut waren also der Treibstoff dafür, dass ich
durch meinen persönlichen Schmerz verwandelt wurde. Ich glaube,

dass dieses Dreiergespann innerer Tugenden einen großen Beitrag zur Bewältigung der »Mehrfach-Krise« unserer Zeit leisten kann.

Vieles von dem, was wahr ist, tut weh. Wenn wir uns mit Schmerzen nicht wohlfühlen, werden wir uns auch mit vielen Wahrheiten nicht wohlfühlen. Eine solche Verleugnung führt zum Untergang. Ich denke, das ist der Grund, warum die spirituellen Überzeugungen des New Age fortbestehen: Sie bieten Schutz vor schwierigen Wahrheiten und vor Schmerz. Wie ich in Klima-Heilung erörtere, ist dies der Grund, warum New-Age-Glauben oft heimlich umweltzerstörerisch ist. Ich habe Mitgefühl mit denjenigen, die magischen Überzeugungen nachhängen, denn der Schmerz, der oft einer Flucht vor dem Alltäglichen zugrunde liegt, ist real und braucht Zuwendung, keine Schuldzuweisung oder Konfrontation. Heilung geschieht nur, wenn jemand in der Lage ist, seine nicht hilfreichen Muster zu erkennen, und das kann nur im eigenen Tempo geschehen. Zu lernen, was über das Umgehen des Schmerzes hinaus möglich ist, kann die Saat für den Zeitpunkt legen, an dem man bereit ist, die innere Arbeit zu tun.

Den Schmerz, den wir nicht angehen, fügen wir anderen zu, sei es offen oder durch Vernachlässigung. Wie das Sprichwort sagt: *Hurt people hurt people* – Verletzte Menschen verletzen Menschen.

Kollektiver Schmerz und Gewalt

Auf globaler Ebene verursacht unser kollektiver unbewältigter Schmerz enorme Gewalt. Systeme, Institutionen und Einzelpersonen verteilen ihren Schmerz in einem ständigen Wirbelsturm aus Unehrlichkeit, geistlosem Zwang, Gleichgültigkeit und Gier. Wenn wir uns nicht mit unserem Schmerz auseinandersetzen, geben wir ihn an andere weiter, indem wir ihn ausleben – Elend ist gern in Gesellschaft und erzeugt mehr davon, bis es abgerechnet wird. Ich sehe das jeden Tag, und es macht mich wütend und traurig zugleich. Je mehr geheilte Menschen wir werden, desto mehr Macht haben wir, das Paradigma zu ändern und die Gegenwart und unsere Zukunft zu retten. Denn geheilte Menschen heilen andere.

Die Liebe zur Welt beginnt in uns und unter uns. Es ist ein innerer Prozess, der durch die Unterstützung anderer gestärkt wird. Psychische und emotionale Gesundheitsdienste müssen daher nicht nur verbessert und traumabewusst gestaltet, sondern auch für alle zugänglich gemacht werden, die leiden, oft allein, verarmt und in entsetzlichem Schweigen. Umgekehrt unterstützt die Sorge um die Welt, soweit wir das können, unsere innere Arbeit. Letzten Endes ist es ein Kontinuum. Je mehr Traumata und Verwundungen wir gemeinsam heilen, desto mehr können wir für die Klimakrise mobilisieren.

Wichtig ist, dass vieles von dem, was wir glauben, nicht bewältigen zu können, eine unbewusste, unwillkürliche Reaktion auf Angst ist. Das liegt daran, dass wir uns instinktiv von dem entfernen, was uns bedroht und Angst macht. Indem wir tief durchatmen, Bereitschaft aufbringen, achtsam sind und Unterstützung annehmen, können wir uns unseren Ängsten nähern. Wir können mehr bewältigen als das, wovor wir anfangs ängstlich zurückschrecken… Und dabei sogar Zugehörigkeit, Sinn und Kraft finden.

Ein Dreiklang der Resilienz

Das wesentliche Unterstützungsnetzwerk, das wir in unserer Zeit brauchen, ist ein Dreieck, das ich unser »Dreieck der Resilienz-Beziehungen« nenne. Dieses Dreieck besteht aus einer heilenden Beziehung zu uns selbst, zur natürlichen Welt und zur menschlichen Gemeinschaft. Diese drei Beziehungen sind der Motor der Nachhaltigkeit. Ich zitiere aus Klima-Heilung:

Diese drei Antriebskräfte – die das Selbst, die Natur und unsere Mitmenschen betreffen – stehen für drei primäre Beziehungen, für unser »Dreieck der Resilienzbeziehungen«. Unsere Vernachlässigung dieser Beziehungen ist eine grundlegende Ursache für das Symptom: die Klimazerrüttung. Der Wegfall auch nur einer dieser Beziehungen fügt uns Schaden zu. Und wie eine festgefügte Einheit dieser Beziehungen gewaltige Kraft verleiht, führt ihr Abbruch zu Katastrophen.

[...]

Wenn wir diese elementaren Beziehungen jedoch wiederbeleben, bauen wir ein Dreieck der Resilienz oder Widerstandskraft auf. Dieses Dreieck der Resilienzbeziehungen bestimmt, wie sich die drei entscheidenden Dynamiken bei der Klimazerrüttung entwickeln. Drängen wir diese Beziehungen an den Rand, werden sie zu Triebkräften für die Klimazerrüttung. Werden sie hingegen gepflegt und gefördert, sind sie das beste Mittel, das uns zur Verfügung steht, um das Klimachaos zu bewältigen und daran zu wachsen; und wenn sie stark und stabil sind, erweisen sie sich als der beste Weg, um die zerstörerischen Auswirkungen der Klimazerrüttung deutlich abzuschwächen.

Der Umgang mit unserem persönlichen und kollektiven aufgestauten Schmerz setzt mehr Möglichkeiten frei, ehrlich zu sein und an der Heilung der Welt mitzuwirken, was die Liebe des Aktivismus ist. Wenn wir uns um unseren eigenen Schmerz kümmern und ihn heilen, werden wir mitfühlend gegenüber dem Schmerz anderer, weil wir den Schmerz und die Heilung von Ungerechtigkeit aus erster Hand erfahren haben. Durch das helle und dunkle Herz eines verwundeten Heilers lernen wir, für die Erde und andere zu sorgen. So heilen wir uns selbst, um den Planeten zu heilen.

Alles beginnt damit, sich genug zu kümmern. Aber sich genug zu kümmern ist nicht so einfach, wie es aussieht, weil so viel Schmerz unsere Herzen blockiert. Wir müssen also nicht nur heilen, sondern uns genug kümmern, um mit der Heilung zu beginnen. Aus diesem Grund trägt das erste Kapitel von Klima-Heilung den Titel »Es muss uns am Herzen liegen«. Ich habe auch einen Vortrag zum Thema »Caring enough« bei einer lokalen Veranstaltung von Extinction Rebellion gehalten, den Sie auf meinem YouTube-Kanal ansehen können.

Realistisch betrachtet, scheinen viele wenig Lust zu haben, emotional und intellektuell ehrlich zu sein oder ernsthaft an sich zu arbeiten, leider. Lasst uns also die Helden sein und diejenigen sein, die das

können und wollen. Zumindest werden wir die Widerstandsfähig-
keit, das alchemistische Herz, das wir dabei schmieden, brauchen,
um härtere Zeiten zu überstehen – um besser in der Lage zu sein,
den Schmerz der Krise inmitten des zerrütteten Herzens der Welt zu
ertragen, zu verarbeiten und uns darauf einzulassen – und zu retten,
was wir können.

Danke, dass Sie sich die Mühe gemacht haben, bis hierher zu lesen,
und dass Sie Ihre eigene Heilung für das Allgemeinwohl in Betracht
ziehen. Wenn wir in Frieden mit uns selbst und mit der natürlichen
Welt leben wollen, dann muss die tiefe, zwischenmenschliche Heilung unsere gemeinsame Priorität sein. Ich schließe mit einer Zeile
aus meinem Gedicht, »Thanksgiving: An Activist's Grace« aus der
Sammlung *Rebirth: Poems for Personal and Planetary Regeneration*:

Wusstest du nicht, dass das Herz
dazu bestimmt war, tausendmal zu brechen
um alles wieder schön zu machen?

Jack Adam Weber ist gefeierter Dichter, Autor, Klimaaktivist,
Biobauer, somatischer Therapeut, lizenzierter Akupunkteur
und chinesischer Heilkräuterarzt. Sein neuestes Buch ist
*Klima-Heilung – Den Wandel einleiten: in uns und damit in
der Welt*. Er arbeitet derzeit an seinem neuen Buch über
somatische Traumaheilung.

jackadamweber.com

IN LIEBE MIT DER SCHÖPFUNG

Von einer sinnlichen Ökopsychologie und Stolpersteinen auf dem Weg

Andrea Wichterich

Ich liebe die Natur.

Ich liebe die grünen Pflanzen. Sie schenken mir mein Leben: Luft, die ich atmen kann, viele köstliche Speisen, Heilmittel, Kleidung, Inspiration und noch so viel mehr. Vor allem schenken sie immer wieder aufs Neue ein tiefes Vertrauen in das Leben selbst, in die grüne Kraft und Fülle des Seins.

Die Pflanzen wurden bereits in den Veden (den ältesten indogermanischen Schriftstücken) als Ur-Mütter angerufen. Sie gelten dort als noch älter als die Götter selbst.

Ich liebe die Tiere, unsere großen Geschwister, die schon lange vor uns kamen. Sie begleiten mich als Freunde und Gefährten. Ich freue mich täglich über ihr Sein und meine Begegnungen mit ihnen. Ich lausche dem Gesang der Gefiederten, die jeden Morgen den Neubeginn verkünden. Und ich begegne jenen, die meinen Garten fruchtbar machen, wenn ich mit meinen Händen in der saftigen Erde wühle. Ich folge ihren Spuren im Wald und streichle ihr weiches Fell, wenn sie schnurrend auf meinem Schoß liegen. Und ich lasse mich von ihnen führen, wenn sie mir als Krafttiere den Weg weisen oder mich schützen.

Ich liebe die Weisheit der uralten Steine, Knochen von Mutter Erde, die von längst vergangenen Zeitaltern und fernen Welten künden. Sie sind durch das Feuer gegangen und vom Wasser geschliffen

worden, sie tragen mich und erfreuen mein Herz mit ihren mannig-
fachen Formen, Farben und Energien.

Und so liebe ich auch die Berge und die weiten Ebenen, die Täler
und die Seen, das Meer und die Wälder...

Doch – liebe ich auch die Menschen?

Eines Tages hatte ich ein berührendes Schlüsselerlebnis: Ich saß auf
einer Brachfläche, aus der die Forstarbeiter gerade die toten Fichten
herausgeholt hatten: Zwei trockene Jahre in Folge hatten den in Monokultur und in Reih und Glied gepflanzten Bäumen die Möglichkeit
genommen, dem Borkenkäfer mit ihrem Harz zu trotzen. Es war ein
stilles Sterben gewesen, ein friedliches. Ich hatte um sie getrauert –
und auch um das weiche Moospolster, die vielen Pfifferlinge und
andere Köstlichkeiten, die gemeinschaftlich mit diesen Fichten gelebt
hatten und nun mit ihnen verschwunden waren. Zugleich fühlte ich
zutiefst, dass die Natur eben ihren Weg geht und sich auf Dauer nicht
manipulieren lässt, dass dieses Sterben auch Ausdruck einer Selbst-
regulation war.

Doch nun waren sie hier eingefallen: Mit »Erntemaschinen«, soge-
nannten »Harvestern«, die einen Baum in weniger als einer Minute
fällen, entasten und kleinsägen. Die tonnenschweren Maschinen
haben das empfindliche Gleichgewicht des Bodens und seiner Lebewesen für Jahrhunderte zerstört. Die »geernteten« Stämme wurden
dabei achtlos auf einen uralten Holunder geworfen, der unter ihrer
Last zerbrach. Dieser Holunder hatte mich und viele andere Wesen
jahrein, jahraus mit seiner üppigen Blüten- und Beerenpracht erfreut.
Er hatte ein Portal zum Hollenreich gebildet. Und er war eine Art
Wächter für diesen Forst gewesen. Vor dem gesplitterten Holz dieses
Holunders saß ich nun auf dieser Brachfläche und weinte.

Ich fühlte tiefe Ohnmacht, Traurigkeit, Wut und... Hass. Ich klagte
an. Und nicht nur für dieses Vergehen an der Natur, sondern für all
die Verbrechen, die wir Menschen in unserer Abspaltung begehen
und für die mir diese Situation ein Sinnbild war: Vor meinem inneren

Auge brannten die Regenwälder, lagen verendete Meerestiere mit Plastik in ihren Mägen, schauten gequälte, entzündete Rinderaugen in Massenställen ins Leere, wurden Zugvögel von Windrädern getötet, Pflanzenwesen mit Gentechnik verändert und wider besseres Wissen mit Pestiziden vergiftet. Ich sah Bienen orientierungslos umherirren, da ihr feiner Orientierungssinn aufgrund der elektromagnetischen Felder von Handymasten gestört wurde und sie nicht mehr zu ihrem Stock zurückfinden ließ. Ich sah, wie die Menschen tiefe Löcher in die Erde gruben, um ihnen die Rohstoffe zu entreißen – auch der Wald meiner Kindheit verschwand in einem solchen Loch.

Zurück bleibt nicht selten ein vergifteter Boden. Und die Lebensräume vieler Arten werden mit Asphalt versiegelt, während Menschen sich in virtuelle Welten flüchten.

Ja, ich hasste die Menschen für ihre Verbrechen an der Natur, als ich hier beim Holunder saß und weinte.

Da plötzlich hörte ich eine Stimme in mir, die mich zurechtwies: Du möchtest Frieden stiften? Du sagst, du liebst die Natur? Bist du dir im klaren, wie viel Unfrieden du jetzt gerade hier an diesen Ort trägst? Merkst du gar nicht, wie sehr du den Graben der Abspaltung der Menschen von der Natur, den du so sehr anprangerst, gerade vertiefst? Merkst du, wie schwer es dir fällt, in aller Konsequenz zu akzeptieren, dass auch der Mensch dazugehört? Ist dir nicht klar, dass auch du Natur bist, dass alle Menschen Natur sind? Wenn die Natur in deiner Wirklichkeit »gut« ist, wie könnte dann der Mensch etwas anderes sein?

Ich merkte, wie sehr ich nach einem Sündenbock gesucht hatte, dass es mir leichter fiel, jemanden anzuklagen, als mich dem Empfinden meiner Ohnmacht und Traurigkeit zu stellen. Ganz bestimmt war weder der Besitzer dieses ehemaligen Forstes ein böser Mensch noch jene Männer, die die Bäume gefällt hatten. Sie waren einfach nicht verbunden und in Fühlung mit dem, was sie taten. Diese Trennung lässt sich sicher nicht durch noch mehr Trennung überwinden.

Seit vielen Jahren sehe ich meine Aufgabe darin, Menschen (vor allem im Rahmen meiner Seminartätigkeit) in die Verbindung mit der Natur zu führen, – auch mit ihrer eigenen. Seit fast dreißig Jahren beschäftige ich mich mit Ökopsychologie und Tiefenökologie und suche nach Wegen, die Verbundenheit sinnlich erfahrbar zu machen. Wir alle haben erlebt und erleben auch aktuell, dass unser kognitives Wissen uns nicht davon abhält, weiterhin Natur zu (zer)stören. Doch was wir sinnlich erfahren, was wir fühlen können, können wir lieben; und was wir lieben, schützen wir. So bringe ich Menschen vor allem mit den Methoden des Yoga, mit Naturritualen und der ganzheitlichen Schulung ihrer Wahrnehmung in Fühlung mit der Natur. Oft habe ich mich sagen hören, dass auch wir Natur sind und dass jede Abspaltung eine Illusion ist.

Es gab viele Momente der Gnade in meinem Leben, in denen ich dies zutiefst erfahren durfte. Meist waren dies Momente in der Natur. Ich erlebte, dass es der eine Geist ist, der in allen Wesen wirkt. Ich fühlte mich im Flug des Vogels und im Blätterrauschen der Bäume. Staunend wurde ich Zeuge, wie jede Trennung sich löste. Ich fühlte, dass ich nicht die Form (in meinem Fall ein menschlicher Körper) bin, sondern jener Lebenshauch, der in *allem* ist. Ich erfuhr *mich in allem* und dass all diese Formen ein Ausdruck der einen göttlichen Liebe sind.

Das Wort »Natur« leitet sich aus dem lateinischen Wort »natus« her, welches »geboren worden« oder auch »entsprungen« bedeutet. Alles, was sich in der Form manifestiert, was inkarniert, was geboren wird, ist also »Natur« und entspringt der *einen* Quelle. Wieso verschließen sich die Menschen davor, zu fühlen, dass auch sie Natur sind und wieso schließen sie sich selbst aus der Gemeinschaft des Lebendigen aus? Unsere wahre Heimat mag in der geistigen Welt liegen, doch genau *jetzt* sind wir genau *hier* in *diesem* Körper inkarniert. Vielleicht könnten wir unsere Abspaltung von der Natur als den eigentlichen »Sündenfall« betrachten. Wir wurden einst in den

Garten Eden gesetzt und waren eins mit allem. Und doch war es so wichtig, vom Baum der Erkenntnis zu kosten, um uns in allem erkennen und bewusst darin erwachen zu können.

Mit der Erkenntnis wurde uns noch etwas geschenkt: der freie Wille. Es lag also an uns, was wir mit der Erkenntnis anfingen. Wir wurden gewahr, dass wir nicht nur eins, sondern in Formen inkarniert waren, die sich von anderen Formen unterschieden. Dieses Gefühl: Ich bin hier in diesem Körper und alles, was nicht in diesem Körper ist, ist »das andere« übernahm uns schließlich und führte zu einer tiefen Abspaltung. Das Gefühl der Trennung überschattete das Empfinden der Einheit. Und genau hier sehe ich unsere Ur-Wunde und den Ursprung jedes Gefühls von Mangel und des Bedürfnisses, uns das vermeintlich andere zu eigen zu machen und damit die Natur auszubeuten. Es ist ein drastisch fehlgeleiteter und zum Scheitern verurteilter Versuch, die Einheit wiederzufinden. Denn die Einheit können wir niemals finden, indem wir an der Trennung und Identifikation mit der Form festhalten. Die Einheit finden wir, wenn wir jede Form als Ausdruck der Liebe erkennen und die Liebe hinter der scheinbar trennenden Oberfläche fühlen – vor allem auch Selbst-Liebe erleben. Die Einheit finden wir dann, wenn wir die Fülle erfahren, die sich in der ganzen Natur offenbart: Wir sind getragen, genährt und versorgt. Wir brauchen nicht horten, raffen und immer mehr Materie anhäufen, abspalten und zerteilen und dabei andere Lebewesen ausbeuten – ja, wenn wir die Fülle erfahren und erkennen, dass wir nicht getrennt sind, ist das gar nicht mehr möglich.

Inkarniert in der Form eines menschlichen Körpers, mag uns hier eine »Sonderrolle« zufallen, die allzu oft missverstanden wurde. Dadurch, dass wir ein Ich-Bewusstsein entwickelt haben und uns selbst erkennen können, haben wir uns zur »Krone der Schöpfung« erhoben. Die Antwort auf unsere anthropozentrische Sichtweise kann nun nicht sein, uns selbst zu verneinen, uns schuldig zu fühlen und uns dafür zu schämen, dieser Spezies anzugehören, die so viel Leid hervorgerufen hat. Etwas überspitzt ausgedrückt ist das genau die Falle, in die ich getappt war mit meinem »Menschenhass« und in die ich immer wieder tappe, – nun jedoch bewusster und sensibilisiert dafür.

Es geht nicht darum, uns gleichsam als Seuche für den Planeten zu betrachten oder zu glauben, die Natur brauche uns nicht. Wir können es bereits im Kleinen erleben, wie »die Natur« auf unser Sein reagiert: Allein, wie ich in den Wald gehe, wie präsent ich dabei bin, wie mein energetisches Level gerade ist, wie ich mich bewege und über meine Sinne in Fühlung gehe, macht auch etwas mit den Wesen des Waldes und ist nicht losgelöst davon. Tiere und Pflanzen spiegeln mir dies sofort.

Besonders die Tiere zeigen mir deutlich an ihrer Reaktion auf mich, wo ich gerade bin: Flüchten sie? Alarmieren sie sich gegenseitig über mein Kommen, oder nehmen sie mich als Teil des Waldes wahr, gehen sie gar neugierig auf mich zu? Kann ich, kann mein Leben auch ein Geschenk an das große Ganze sein? Ist es vielleicht genauso gedacht? Ist nicht jedes Wesen einzigartig und bringt so unterschiedliche Gaben und Eigenschaften mit, ohne die die Gesamtheit des Lebendigen einfach nicht vollständig wäre?

Viele Indigene sprechen davon, dass die Natur uns brauche, unsere Rituale, unsere Lieder, unsere Hingabe und Liebe. Diese Haltung ist alles andere als anthropozentrisch und doch räumt sie uns Menschen unseren besonderen Platz im Gewebe des Lebens ein: Hüter dieses großen Gartens zu sein, Partner und im Dienst des Lebens und der Liebe selbst.

Die Erfahrung der Fülle und der zyklischen Prozesse des Lebens ist für mich eine Grundvoraussetzung für den Frieden mit der Natur, für unsere Zu-Frieden-heit.

Diese kann ich natürlich kaum erleben, wenn meine Grundbedürfnisse nicht erfüllt sind, wenn ich zum Beispiel jeden Tag darum bange, ob ich genug zu essen bekomme, wenn mein Trinkwasser vergiftet wurde, wenn meine Erfahrung des Menschseins von Missbrauch und Gewalt geprägt ist. Jeder Akt der Gewalt gegen die Natur – auch gegen unsere menschliche Natur – erzeugt mehr Gewalt. Wenn mehr und mehr Menschen allerdings die Zu-Frieden-heit in sich entdecken und kultivieren, sind solche Lebensumstände obsolet. Die Ausbeutung der Natur, zu der auch die Ausbeutung anderer Menschen gehört, ist dann nicht mehr möglich. Selbst die Zahl der Menschen würde sich regulieren. Und Zufriedenheit und deren gelebter Ausdruck wirkt sich auf das große Ganze aus und erzeugt mehr Zufriedenheit.

Ich bin davon überzeugt, dass wir als Kollektiv nur dann Frieden mit der Natur finden können, wenn wir uns unserer Urwunde stellen und die vermeintliche Trennung überwinden. Die Rettung der Wälder und Meere, der Tiere und Pflanzen kann nur dann nachhaltig sein, wenn sie nicht aus moralischen Gesichtspunkten und rein kognitiv hergeleiteten Handlungen erwächst, sondern aus der Zu-Frieden-heit, dem Empfinden von Fülle, (seelischem) Genährtsein und einer tiefen Liebe zum Sein.

Und diese Liebe schließt uns Menschen nicht aus. In der Erfahrung, dass wir im Grunde unseres Wesens »gut« sind, geliebte Kinder und erwachte erwachsene Partner von Mutter Erde, wird der Schleier der Trennung sich heben.

Frieden mit der Natur beginnt in jedem einzelnen Menschen und mit einer lebendigen Kultur des Mitgefühls.

Das Wort »Kultur« leitet sich vom lateinischen Verb »colere« her, welches oft als »Bebauen und Bestellen (von Land)« übersetzt wird. »Kultur« wird häufig als Gegenstück zur »Natur« betrachtet. »Colere« bedeutet aber ebenfalls »Pflegen« und »Verehren«. Eine wirklich menschliche Kultur in diesem Sinne könnte den Auftrag einschließen, diesen Garten Eden, in dem wir uns befinden, zu hüten und die Essenz des Lebens in allem zu verehren.

In einem ähnlichen Sinne wie das Wort »Kultivieren« wurde das Wort »Umfrieden« oder »Einfrieden« verwendet. Diese Formulierung verortet den Frieden innerhalb des eingezäunten und kultivierten Gebietes und geht davon aus, dass die wilde, ungezähmte Natur außerhalb unserer Einfriedung gefährlich und bedrohlich ist. Sie vertieft also erneut die Trennung zwischen uns Menschen auf dieser Seite des Zaunes und dem vermeintlich »anderen« oder der »Anderswelt« jenseits davon. Wir müssen nicht alle Zäune niederreißen, doch erneut lohnt ein Blick in die etymologische Wortherkunft: »Frieden« leitet sich nämlich aus der indogermanischen Wurzel »pri-« her, und das bedeutet »nahe«. Was, wenn es in unserer »Ein-Friedung« darum gehen würde, die *Nähe* mit *allem, was ist*, zu kultivieren und zu fühlen, dass wir nicht getrennt sind und nie getrennt waren? Es ist leicht, Mitgefühl mit den von Menschen gequälten Tieren zu haben. Doch können wir es auch mit jenen entwickeln, die so abgetrennt sind, dass sie zu solchen Taten fähig sind?

Das bedeutet nicht, dass wir nicht gegen die Zerstörung einschreiten und ihr tatenlos zuschauen müssen. Doch es ist ein Unterschied, ob wir aus der Liebe für das Leben heraus aufstehen, – die auch den Schmerz und die Traurigkeit integriert – und uns *für* das Leben einsetzen oder ob unser Beweggrund die Verzweiflung ist, die zu regelrecht kriegerischen Kampfhandlungen führt.

Können wir auch diesen Menschen »nahe« sein und den Schmerz der Trennung mit ihnen fühlen? Können wir diesen Schmerz (aus) halten, ihn weder betäuben, noch schönreden?

Erst wenn wir erkennen, dass die nachhaltige Lösung nicht im wohlmeinenden, doch aus anthropozentrischer Sicht beschlossenen Schutz bedrohter Arten liegt, sondern in der bedingungslosen Anerkennung, dass wir ebenfalls Natur sind, werden wir jene Nähe zulassen können, die uns gemeinschaftlich und in Frieden zusammenleben lässt. Erst dann, wenn wir uns Menschen wirklich ganz und gar mit hineinnehmen, sowohl die Natur »da draußen« als auch unsere eigene in all ihrer Zerbrechlichkeit und Verwundbarkeit lieben lernen, werden wir erkennen, dass die Essenz des Lebens nicht verwundbar ist und eine jede Form uns von der Liebe selbst kündet. Dann können wir uns in allem fühlen; wir können uns auf den Schwingen eines Vogels in die Lüfte erheben, unsere Stimme im

Klang der Wellen und im Rascheln der Blätter eines Baumes vernehmen, Berg sein und Grashalm, Reh und Wüstenblume. Und wir können uns erkennen im Antlitz eines anderen Menschen – vollkommen eins und Zu-Frieden.

Wieder sitze ich vor dem alten Holunder. Er treibt neu aus und erste Blättchen entfalten sich in der noch kühlen Luft. Die Vögel singen ihr Frühlingslied. Und das Leben geht seinen Weg.

Andrea Wichterich wirkt als Heilpraktikerin und Yogalehrerin im Bergischen Land bei Köln. Sie widmet dabei all ihr Tun der Überwindung der vermeintlichen Trennung zwischen Mensch und Natur, in der sie den Ursprung des kollektiven aber auch individuellen Leidens sieht. Ihre Liebe zum Wald und ihren Zugang zum Wesen der Heilpflanzen teilt sie in Kräuterwanderungen, Waldyoga-Seminaren und in als Heilpraktikerin. Im Ritual der Schwitzhütte begleitet sie Menschen in tiefen Transformationsprozessen. Gemeinsam mit ihrem Partner Reiner Angermeier bildet sie Wald-YogalehrerInnen aus. Von beiden sind u.a. die Titel *Waldverbunden – Eintauchen in die Präsenz des Waldes* und *Das Yoga-Orakel – Erkenne dich selbst* erschienen.

www.gaiaveda.de

FRIEDEN MIT DER WEIBLICHEN NATUR

Anna Zemann

Das Wasser schiebt sich beiseite. Langsam und in gleichmäßigen Bewegungen, während die Sonne kerzengerade herabscheint und auf der grauen, rauen Haut reflektiert. »Painted Elephants«, auf Deutsch: »Bemalte Elefanten« nennt man sie hier in Afrika, erzählt uns ein Ranger, die Herden grauer Riesen, die die Flüsse queren, angeführt von einer weiblichen Leitfigur. In einer fast schon meditativen Ruhe durchschreitet einer nach dem anderen das Wasser, bis an tiefsten Stellen bei den Kleinsten unter ihnen nur noch der Rüssel sichtbar ist. Wie ein Schnorchel ragt er aus dem Wasser, um Luft zu holen, bis der Fluss wieder seichter wird, einer nach dem anderen auftaucht und entweder bis zur Hälfte oder komplett dunkelgrau »bemalt« ist vom Wasser – wunderschön, kraftvoll, kreativ und mystisch zugleich.

Eigentlich war ich immer jemand, der dachte, ich sei auch mit diesem Teil in mir verbunden. Wüsste über die »weiblichen Natur« Bescheid – wie könnte ich das als Frau auch nicht? Doch als ich vor einigen Jahren erstmals den großen Elefantenherden in Botswana begegnet bin, ist mir auf einmal klar geworden, dass da etwas ist, dass noch sehr viel kraftvoller ist, als ich dachte. Etwas, das mir auf einmal von den Matriarchinnen der Elefantenherde aus entgegenlächelte, jenen Tieren, die dort draußen in der Wildnis mit dem Wissen und der Weisheit, das unter ihnen über Generationen weitergegeben wurde, vorangehen und die Herde zielsicher anführen – und zwar mit einer Stärke, die ich selten gesehen habe. In Anwesenheit dieser Riesen lässt sich nicht mehr leugnen, dass von ihnen etwas ausgeht, das tief mit der Erde in Verbindung steht. Allein sie zu beobachten, hat mich unweigerlich daran erinnert, dass dieser Teil auch in mir selbst wohnt, aber ganz offensichtlich in Vergessenheit geraten ist…

Bis zu diesem Zeitpunkt war ich es als Frau gewohnt, mich im Hintergrund zu halten. Meine kreativen Ideen, Talente und Gaben selbstverständlich in messbare und bewertbare Leistung umzuwandeln und sie vorwiegend an männliche Leitfiguren fließen zu lassen – und dass, obwohl ich seit meinem 25. Lebensjahr mein eigenes, erfolgreiches Unternehmen führte, das mit kreativen Ideen und Geschichten funktionierte. Das habe ich aber nie als die eigentliche Stärke gesehen – stattdessen habe ich gearbeitet, rund um die Uhr, Leistung gebracht, tagelang, monatelang, jahrelang, ohne auch nur eine Sekunde auf den Rhythmus meiner weiblichen Natur zu achten, mit ihm zu fließen oder mich zu fragen, was ich als Mensch mit meiner weiblichen Natur bräuchte, damit sich meine Natur bestmöglich entfalten kann. Und schon gar nicht habe ich es mir erlaubt, die sensitive, kreative, stille, künstlerische, schöpferische Seite in mir als die eigentliche Gabe für diese Welt zu sehen, geschweige denn, damit voranzugehen. Zu beanspruchen, dass meine sensitive, verbundene Energie, die intuitive Seite in mir vielleicht jene Kraft sein könnte, die in dieser Welt vorangeht. Bis irgendwann ein Teil von mir nur noch das Gefühl hatte, dass etwas nicht stimmt.

Damals war ich verwirrt und hatte keine Ahnung, wo ich Antworten suchen sollte für das dubiose Gefühl in mir, bis ich durch »Zufall« in Afrikas Wildnis gelandet bin und die Antwort plötzlich glasklar vor mir lag: Die Matriarchin in mir selbst wollte sich nicht mehr im Hintergrund halten. Hatte keine Lust mehr, in einer Welt zu sein, die sich über messbare Ergebnisse und bewertbare Positionen im Außen definiert. Die Macht und Hierarchie über Herzen und erst recht über intuitive Weisheit stellt, die mit der Erde verbunden ist. Die Matriarchin in mir wollte eine Revolution. Und dies hat sie mich jeden einzelnen

Tag mit jeder Faser meines Seins spüren lassen. Dadurch wurde mir damals durch mich selbst klar: Dies ist keine Welt in Harmonie, sondern im Gegenteil. Denn die Geschichte einer balancierten und heilen Erde beruht auf dem Gleichgewicht der Natur. Beruht darauf, dass Yin und Yang, Ebbe und Flut, Tag und Nacht, Ausruhen und Tun, männliche und weibliche Energie gleichermaßen wachsen – und das beginnt nie im Außen; es beginnt in uns selbst.

Es beginnt, indem wir Frieden schließen mit dem Teil unserer eigenen Natur, der über Jahrhunderte hinweg gelernt hat, er sei nicht so wichtig, und der, egal wie modern und aufgeklärt wir sind, seine Wurzeln auch in unserer eigenen Natur geschlagen hat: Jedes Mal, wenn wir uns für unsere Emotionen und unser Herz kleinhalten. Jedes Mal, wenn wir uns dafür verurteilen, weil wir rasten und eine Pause machen. Jedes Mal, wenn wir unsere Ideen gleich zu Beginn in einen Topf werfen, der rational erklärbar sein muss. Jedes Mal, wenn wir über die Ressourcen unserer Natur gehen, obwohl der weise, intuitive und verbundene Teil in uns Signale gibt, sie besser zu achten. Und wir ihn entweder nicht hören oder nicht ernst nehmen. Und er dabei eigentlich nur fragt: Wie geht es der Matriarchin in dir?

Und so ist meine Geschichte nur eine Geschichte von vielen. Ein kleiner Teil einer viel größeren Geschichte, die über Jahrhunderte gewachsen ist und jetzt umgeschrieben werden will. Denn nicht nur in der Natur, sondern auch in indigenen Kulturen, also bei unseren Urahnen, waren es die Frauen, die über die Medizin Bescheid wussten, die das Wissen über Pflanzen, Kräuter und die Verbindung zur Erde hatten. Die Seher, Träumer und weise Älteste waren, die man um Rat gefragt hat. Genau das wohnt auch in uns Frauen, egal wie modern wir sind. Das Gehirn der Elefanten vergisst nicht. Und die Weisheit der Generationen in uns ebenso wenig.

Genau deshalb sehe ich diese Zeit nicht als »Krise« der Natur, sondern als ein »Aufwachen«, um zu ihr zurückzufinden. Und ich sehe die Elefanten als weise Lehrer, die uns dabei unterstützen: Angeführt von Frauen, sind sie so etwas wie die Hüter der Erde. In Ökosystemen an eine Schlüsselstelle und in indigenen Kulturen, ein Spirit Animal für weibliche Leader, die nicht mit Kampf und Macht, sondern in Verbindung zum großen Ganzen anführen und das alte Wissen der Erde wahren. Und dabei denke ich: Ist die Erde nicht auch nur eine weitere weibliche Seele auf einem Befreiungsschlag? Unsere Ur-Matriarchin, die nicht mehr ständig nur geben will? Weil sie so viel mehr ist als Leistung, Tun und endloses Wachstum? Die vielleicht – wie wir selbst auch – einfach wieder als das gesehen werden will, was sie ist: Harmonie, Fülle, Kreativität, Weisheit, Schönheit, Schöpferkraft und Herzensverbindung zu allem Leben?

Genau dafür aber braucht sie uns alle: wach, heil und in unserer Kraft. Sie braucht ihre Elefantenherde an Frauen und Männern, die gemeinsam mit ihr eine neue Geschichte schreibt. Frieden findet in sich selbst und heimkehrt und erkennt, dass die weibliche Energie in uns allen eine dringende Medizin der Zukunft ist. Und dabei heißt »Matriarchy Rising« für mich nicht »Frauen an die Macht«, sondern »Frauen und Männer: Befreit eure Talente, eure Energie, eure Gaben, eure Intuition, euer Wissen, eure Emotion, euer Herz, eure weiche Seite, eure Stille, euren Rhythmus, eure Ruhe, euer Yin, eure innere Wahrheit. Hört auf, sie zu verstecken und kleinzuhalten, sondern lasst die Geschichte los, die nie eure war. Kommt in eure Kraft, nutzt die Weisheit eurer eigenen Natur und geht damit – wie die Elefanten in Afrika – voran.«

Apropos Afrika: Als wir damals nach Hause gekommen sind von unserer Tour am Fluss, war der Himmel schon leicht golden. Ich bin in mein Zelt gegangen und habe meine nasse und durchgeschwitzte Kleidung auf das Bett geworfen, als ich plötzlich aus dem Augenwinkel eine Bewegung wahrnahm. Durch den Spalt des Zeltnetzes sah ich langsam einen Elefanten herankommen. Immer näher bewegte er sich zu mir, bis er nur noch wenige Meter von meinem Zelt entfernt war, und ich ganz klar seine Macht und Präsenz fühlen konnte. An dieser Stelle sei gesagt: Er ist ein wildes Tier, und der Respekt davor sollte entsprechend groß sein, aber an diesem Abend erreichte mich sein Spirit – die Kraft, Weisheit und der Mut der Frauen seiner Generation, die in ihm wohnte. Er erinnerte mich daran, dass all dies auch in mir wohnt. Dass dieses Wissen und die Weisheit der weiblichen Natur nie verlorenengehen kann, höchstens eine Zeit lang vergessen ist, bis ein Elefant vor einem steht und es wieder aufweckt.

Und während ich mich nach draußen schlich, mich auf einen Stuhl setzte, um ihm zuzusehen, wie er seelenruhig an den Bäumen vorbei in den Sonnenuntergang verschwand, stellte ich mir vor: Wie wäre wohl eine Welt, in der wir Frieden schließen würden mit der weiblichen Natur? Mit der nährenden, stillen, zuhörenden, gebenden, intuitiven, schöpferischen Seite in uns? Mit der Kraft, die aus dem Herzen kommt, und der Weisheit, die über Generationen gewachsen ist? Mit der kreativen Seite in uns selbst, die über Jahrhunderte hinweg immer wieder neue Ideen hervorgebracht hat? Mit unseren Träumen und Ideen, die die Grenze der bisherigen Welt sprengen, und sie so neugestalten? Mit unserer Intuition, die uns zielsicher durch die Wildnis des Lebens führt, wie eine Matriarchin in Afrika zu den verborgenen Wasserstellen? Eben allem, was wir finden können, wenn wir uns fallenlassen in die Verbundenheit zur Erde und uns selbst? Wenn wir der Weisheit darin wieder lauschen würden? Wenn wir dadurch wieder erkennen könnten, dass es nicht selbstverständlich ist, dass die Erde uns gibt und nährt, sondern ein Geschenk, das wir erwidern dürfen, weil wir gelernt haben, das auch für uns selbst zu tun? Wenn wir die Schöpferkraft in ihr erkennen, aber auch in uns selbst, und uns erlauben, aus dem Herzen heraus die Bilder der Zukunft zu malen. Unsere Träume und Ideen nicht im Hintergrund halten, sondern sie als die Samen sehen, aus der eine neue Generation wachsen kann. Wäre das nicht die Medizin, nach der wir so dringend suchen? Denn dann wären wir selbst die »Painted Elephants«, die diese Welt wieder wilder und bunter machen.

Stell sie dir nur mal vor, diese Welt. Und dann erinnere dich an die Kraft und Weisheit des Elefanten in deiner eigenen Natur!

Anna Zeemann ist Autorin, kreative Geschichtenerzählerin, Dokumentarfilmmacherin, Host des Podcasts *Rewild Yourself*, Verfasserin von *You Are Nature* und *Coming Home* und leidenschaftliche Naturfotografin. Ihre Herzensvision ist es, dass eine Generation heranwächst, die die Erde hütet, anstatt sie auszubeuten. Sie strebt danach, wieder in Verbindung mit unserer eigenen Natur zu leben und unsere Ideen, Talente und Gaben in das große Ganze einzubringen, und sie ist fest davon überzeugt, dass eine neue Erde möglich ist und dass wir hier sind, um sie zu erschaffen.

https://annazemann.com

ANHANG

Ausgewählte Beiträge aus der Ausgabe von 1984

Das erste Buch, das 1984 bei Neue Erde erschien, enthielt neben einigen übersetzten Beiträgen aus einer Broschüre zur Neuen Naturphilosophie einen längeren Aufsatz von mir. Beim Wieder-neu-Lesen muss ich feststellen, dass sich vieles auch heute noch sehr aktuell und sogar viel dringlicher anhört.

Vielen Heutigen, gerade den Jüngeren, dürfte gar nicht bewusst sein, was schon in den siebziger und achtziger Jahren des letzten Jahrhunderts gedacht und geschrieben worden ist. Darum habe ich einige der Beiträge aus der Ausgabe von 1984 ausgewählt, um einen Einblick in die damalige Zeit zu geben.

Andreas Lentz

FRIEDEN MIT DER NATUR

Nach Nietzsche heißt Philosophie Werte schaffen. Die globale ökologische Krise ist auch Ausdruck unserer Wertordnung, die den Wert eines Baumes nicht kennt; ist zugleich Ausdruck einer Wissenschaft, die zwar vorgeblich »wertfrei«, aber zugleich jeglicher Wertordnung bar ist.

Diese Anthologie umfasst Beiträge u. a. von einem Theologen, einem Biologen, einem Dichter, einem Juristen. So verschieden ihre Fachgebiete sind, so einig sind sie sich darin, dass es einen Zusammenhang zwischen der heutigen akademischen

Ausbildung und dem Mangel an ganzheitlichem Zusammenhang gibt. Die Werte ergeben sich aber erst aus der Schau der Ganzheit.

»Ansätze einer grünen Wertordnung« will dieses Buch darstellen, denn das ist die Neue Naturphilosophie:

Der Mensch darf sich nicht länger eine gottgleiche Rolle als Beherrscher der Natur anmaßen, er muss sich einen neuen Platz schaffen: als eingeweihter Teilnehmer an den natürlichen Prozessen.

Titel der amerikanischen Ausgabe: *The New Natural Philosophy*
Übersetzung und Bearbeitung: Andreas Lentz

© Guild of the Tutors/Mark Jones
Für die deutsche Ausgabe
© Neue Erde – Verlag Andreas Lentz 1983, 1985

Einleitung von 1984

Andreas Lentz

In seinem »Philosophischen Wörterbuch« schreibt Dr. Paul Thormeyer, die Naturphilosophie »ist derjenige Teil der Philosophie, der sich einerseits mit den Grundbegriffen, Grundsätzen und Methoden der Naturwissenschaften beschäftigt, andererseits die Ergebnisse dieser Wissenschaften zu einem einheitlichen Gesamtbild zusammenzufassen sucht. Sie ist daher einerseits angewandte Erkenntnistheorie, andererseits ein besonderer Teil der Metaphysik, deren Fragen viel allgemeiner sind. Im Altertum war Naturphilosophie unter dem Namen Physik gleichbedeutend mit Naturwissenschaft, nicht anders war es im Mittelalter. Erst im 18. Jahrhundert trennte sich die Naturphilosophie von der Naturwissenschaft.«

Ist es Zufall, dass zeitgleich mit dieser Trennung der große Durchbruch der Technik erfolgte? Es war die »wertfreie«, die »objektive« Naturwissenschaft, die die Grundlagen für diese Technik lieferte. So notwendig die Emanzipation von den (namentlich kirchlichen) Dogmen, die sich in der Aufklärung vollzog, für eine Ausweitung der menschlichen Erkenntnismöglichkeiten war, so unheilvoll wirkte sich die Trennung – wie wir heute immer klarer sehen – auf die Mensch-Natur-Beziehung aus.

War nämlich zuerst mit »wertfrei« gemeint, dass der Wissenschaftler ohne vorherige Wertung und subjektive Empfindung zu einer Erkenntnis der Dinge »an sich« kam, dass unterschieden wurde zwischen Tatsachen und ihrer Interpretation, so lässt sich heute feststellen, dass die Wissenschaft in einer ganz anderen Bedeutung des Wortes »wertfrei« wurde, nämlich moralisch-ethischer Werte bar. Die Naturwissenschaft wurde um ihrer selbst willen betrieben, die naturwissenschaftliche Erkenntnis wurde zum Wert an sich. Und es war immer nur eine Minderheit der Wissenschaftler – wenn auch oft ihre herausragendsten Geister –, die sich zu der Verantwortung für die Ergebnisse und Folgen ihres Forschens bekannte.

Zu ihnen gehört der Physiker und Nobelpreisträger Max Born, der gar die Naturwissenschaftler verantwortlich machte »für den Zusammenbruch aller ethischen Grundsätze, die sich im Laufe der Geschichte entwickelt

haben«; denn weil sie die Folgen ihres Tuns nicht bedächten und die Verwertung ihrer Ergebnisse anderen überließen, trügen sie dazu bei, dass
sich letztlich das Prinzip »Der Zweck heiligt die Mittel« durchsetzte.

So hat die »Wertfreiheit« nicht nur nicht verhindert, dass die Naturwissenschaft sich in den Dienst von Geld und Macht gestellt hat, sondern
sie ist für eben jene »Ver-Wertung« mitverantwortlich. Bert Brecht läßt
Galilei von den »erfinderischen Zwergen, die für alles gemietet werden
können« sprechen.

Mit der Trennung der Natur- von den Geisteswissenschaften, der Spaltung in Wissenschaft, Religion, Philosophie, Kultur und Kunst und in
immer mehr spezialisierte Einzeldisziplinen, hat die »Verwertungsma-
schine« unserer Industriegesellschaft die Rolle des Integral, des zusam-
menführenden Mediums übernommen. Dies war einst die Aufgabe der
Naturphilosophie, die den Wert und die Umsetzung einer Erkenntnis aber
eben nicht am Maßstab von Geld und Macht orientierte, sondern stets
bemüht war, die »göttliche Ordnung der Dinge« zu erkennen und die
Einzelerkenntnisse diesem großen Ganzen einzuordnen, zu integrieren.

Die Verselbständigung der Naturwissenschaften, ihre Entwurzelung
aus den Grundlagen von Wert und Philosophie hat ihr nicht die erstrebte
Unabhängigkeit gebracht, sondern hat sie, genau im Gegenteil, von den
Interessen der Wirtschaft und der Politik abhängig gemacht. Dass dies
möglich war, ist auch ein menschliches Problem, nämlich das Problem
des Wissenschaftlers als Mensch. Damit ist es auch eine Frage der Bildung und Ausbildung. Vielleicht hat unsere heutige Ausbildung an den
Universitäten etwas mit dieser Beziehungslosigkeit zu tun? Mit dieser
Unfähigkeit, die Erkenntnisse in einem größeren Ganzen zu sehen, in
einem lebendigen Wirkungsgefüge?

Dies jedenfalls ist die Ansicht der Autoren der nachfolgenden Beiträge,
die alle aus der akademischen Welt stammen und nach neuen Wegen der
Bildung, nach einer Synthese der Wissenschaften suchen. Es sind kurze
Umrisse, Skizzen, und damit für uns keine Rezepte oder Handlungs-
anweisungen, sondern Anregungen, die uns helfen können, die ausgefah-
renen Gleise zu verlassen und das Neuland des integralen, synthesischen
Wissens, welches wir NEUE NATURPHILOSOPHIE nennen wollen, zu
entdecken.

Überlegungen in Sachen Einheit des menschlichen Wissens

Vine Deloria, Jr.

Der gegenwärtige geistige Horizont des menschlichen Wissens leidet unter dem Trugschluss, dass sich alles »konkret« erfassen ließe. Die Menschen, die durch das Bildungssystem gehen, gelangen zu dem Glauben, dass wir die meisten Schwierigkeiten, die Welt zu verstehen, gelöst haben, und dass zusammengenommen die verschiedenen Fachwissenschaften alles enthalten, was es über die Welt zu wissen gibt.

Im großen und ganzen leitet sich unser heutiges Wissen von einer Perspektive her, die atomistisch und materialistisch ist, die es versäumt hat, die spirituelle Seite organischen und kosmischen Lebens zu erforschen und die um ihren Rationalismus und »klare Begriffe« äußerst besorgt ist. Dieses Problem wird noch dadurch erschwert, dass die eigentliche Suche nach der Wahrheit und nach Verständnis zu einer Produktion von Studien und Theorien entartet ist, die dazu dienen, sich im Wissenschaftsbetrieb eine Anstellung und eine Stellung zu verschaffen, also sind Titel und Anerkennung vor allem profane Angelegenheiten. Wahrheit wird so das, was statistisch erweisbar ist und eine Sache des Konsensus unter den Autoritäten, die aufgrund ihrer politischen Stellung innerhalb der akademischen Struktur hoch angesehen sind und weniger wegen ihres Einsatzes für die Erweiterung menschlichen Verstehens.

Die verschiedenen Fachwissenschaften haben rückblickend betrachtet viel von unserem menschlichen Erbe eliminiert. Auch sind nichtwestliche Traditionen nicht vertreten und selbst die alten Quellen westlicher Tradition wurden degradiert und als minderwertige Produkte ungebildeter Geister abgetan. Die Fakten werden ständig neu geordnet, um in vorgefasste, zeitgemäße Interpretationen hineinzupassen. Die Autoritäten auf manchen Gebieten sind seit hundert Jahren nicht mehr infrage gestellt

worden und ihre damaligen Ansichten bleiben unverändert und werden
von unkritischen Geistern als Dogma akzeptiert.

Die gegenwärtigen Anstrengungen bei interdisziplinären Studien sind
größtenteils irreführend, weil sie die Natur sythesischen Denkens nicht
begriffen haben. Am gebräuchlichsten ist die Untersuchung auf einem
Fachgebiet mit Hilfe der Methoden eines anderen Fachgebietes und die
Ausrufung des Ergebnisses als »interdisziplinär«. Wirklich interdiszi-
plinäres Denken ergründet das Wesen eines bestimmten Problems und
beruht auf der Fähigkeit, in jedes der offensichtlich zusammengehörigen
Fachgebiete einzudringen, um Fakten zu sammeln. Darauf folgt die Synthese des Materials in einer Darlegung aller Aspekte des behandelten
Geschehens. Die heutige Neigung, neue Fachgebiete zu schaffen, etwa
»Archäoastronomie, Geomythologie, Paläobiologie« und so weiter, zeigt
ein Bewusstsein, dass eine Synthese erreicht werden muss, stellt aber eine
recht ängstliche Herangehensweise an das Problem dar. Eine kritische
Analyse des westlichen Hanges, Phänomene zu isolieren und intuitive
und emotionale Faktoren auszuschalten (dies mit der Begründung, dass
Erfahrung nicht erfassbar sei), könnte ein Mittel darstellen, westliches
Wissen in die Gesamtheit einzubringen, wo es seinen Beitrag zu einer
umfassenden Artikulation menschlicher Erfahrung leisten kann.

Zwei Voraussetzungen müssen ganz am Anfang erkannt werden. Wir
»missverstehen« unsere Erfahrungen; wir »misserfahren« sie nicht. Deshalb müssen wir die Information mit einem Minimum an Einordnung
nehmen, wie sie sich uns darstellt. Alle Wissensüberlieferungen haben
einen begrenzten Horizont und drücken eine bestimmte, keine absolute
Ansicht der Welt aus. Diese Überlieferungen müssen in einem größeren
Verständnissystem zusammengeführt werden. Denn wir haben ja nicht
isolierte »soziologische«, »geologische«, »politische« oder »religiöse« Erfahrungen, sondern beschreiben diese Erfahrungen nur in solchen Begriffen, und deshalb hängen alle derzeit isolierten Fachgebiete zusammen;
und dies kann man erforschen und beschreiben. So ist jeder Ausgangs-
punkt eine zwangsläufig willkürliche Wahl, doch er muss in der Erkenntnis gewählt werden, dass kein Aspekt der menschlichen Erfahrung ohne
Zusammenhang mit der Lösung des Problems ist, das für uns im Mittelpunkt steht.

Philosophie ist Erfahrung

Dolores LaChapelle

Meine Annäherungen an die Neue Naturphilosophie drehen sich um das Wissen, die Werkzeuge und die Fertigkeiten, um entsprechend der Neuen Naturphilosophie zu leben. Einige Beispiele, wie wir diese Philosophie zu unserer Erfahrung machen können, seien hier angeführt. Ich habe sie in der praktischen Arbeit mit verschiedenen Altersgruppen - Kindern, Heranwachsenden und Erwachsenen - entwickelt.

1. An erster Stelle steht der unmittelbare Kontakt mit der Erde. Dabei helfen Methoden wie Tai Chi oder Yoga, die das Körperbewusstsein für die Umwelt erweitern und zugleich die Grenzen des linear-verbalen Lernens der linken Gehirnhälfte erfahrbar machen. Wichtig sind auch die »Ausgleichs«-Sportarten wie Skilaufen, Schneeschuhwandern, Langlauf, Eislauf, Dauerlauf, Reiten oder Bergsteigen.

2. Wichtig ist zudem die Auseinandersetzung und das Studium der indianischen Kultur, der taoistischen Klassiker, des späten Heidegger, des Shinto und Aldo Leopolds »Landethik«. Von hier aus sind Einsichten in die eigenen unmittelbaren Erfahrungen mit dem Land und der Landschaft möglich.

3. Körperarbeit und Studium fließen in den Ritualen zusammen. Es gibt kleine Rituale, die wir spontan in der Natur durchführen, und es gibt gemeinsame Feste und Feiern mit ihren Ritualen; die beiden Sonnenwenden sind die wichtigsten. Die Rituale lassen uns das große Ganze, in das wir eingebunden sind, erfahren und stellen eine Verbindung zu den Pflanzen, Tieren, der Landschaft und den Bergen her, damit wir mit ihnen in Harmonie leben.

4. Auch die alltäglichen Verrichtungen gehören zum ganzheitlichen Lernen, besonders die Bodenbearbeitung und die tägliche bewusste

Teilnahme an Sonnenauf- und -untergang und an den Wetterveränderungen.

Ich lebe über 3.000 Meter hoch in den Bergen des südwestlichen Colorado und nenne meine Schule auch »Way of the Mountain Center«. Hier bilde ich Menschen für die Arbeit auf der Grundlage der Neuen Naturphilosophie aus, etwa Lehrer, die ihre Schüler näher an die Natur heranführen, oder Studenten, die ihr Wissen später in der Erwachsenenbildung anwenden wollen. Besonders wichtig sind mir die Kurse mit Kindern, denn ich habe erfahren, welches Wunder der Einfluss der freien Natur auf die Kinder wirkt. Stress, Unruhe und Angst schwinden und fröhliche Ausgelassenheit und Ausgeglichenheit treten an die Stelle. Aus der Beobachtung von Kindern in der Natur kam der Anstoß für meine heutige Arbeit. Und an den Kindern sieht man besonders, wie notwendig auch wir als Menschen die Natur für unser Glück brauchen.

Die Poesie der Naturphilosophie

Gary Snyder

Ich bin an der Philosophie in ihrer gewöhnlichen westlichen Bedeutung nicht interessiert. Ich bin ein Praktiker, als Künstler wie als Denker. Als Denker arbeite ich mit einer entwickelten Form von Mahayana-Menschenkunde, in welcher ich unseren Zugang zu großen Mengen an Information über all die Kulturen unseres Planeten und eine lange Zeitspanne des Homo Sapiens sehe; ich betrachte die Mahayana-Menschenkunde als zeitgemäßes Werkzeug, um mit einiger Genauigkeit zu einer aus der Anschauung gewonnenen Vorstellung der menschlichen Natur, menschlicher Möglichkeiten und menschlicher Fehler und Schwächen zu gelangen.

Mit anderen Worten, ich bin daran interessiert, die Möglichkeiten einer Naturphilosophie aus der Kenntnis des umfassendsten und ältesten Materials abzuleiten, denn ich betrachte die Zeit der Zivilisation und ihre Philosophien in vieler Hinsicht als anomal und beschränkt. Zum zweiten, als Praktiker, sehe ich durch tägliche Arbeit und Meditation den schmalen Pfad, wie wir uns selbst mit dem, was unser Körper und der Planet wirklich tut, in Berührung bringen können, das heißt, dass wir uns alle als funktionierende Glieder von Nahrungsketten, als gegenseitig essbar und einander essend sehen; und die Mythen, Zeremonien, Ehrbezeigungen und Herzensbildung, die diese praktische Erkenntnis hervorruft, sind die Wurzeln der Kultur – sowohl im höheren wie im gesellschaftlichen Sinne.

Dichtung, Poesie, die ich am ehesten meine Spezialität nennen kann, ist geschichtlich gesehen eine Form der gelegentlichen Kommunikation zwischen verschiedenen Spezies; eine der Weisen, auf die andere Wesen zu und durch menschliche Wesen sprechen. Ich meine das. Mythos und Poesie sind in vielen Kulturen untrennbar verschlungen und haben genau diese Aufgabe.

Neue Naturphilosophie
Tradition ganzheitlichen Denkens
Die Weisheit, die aus der Natur kommt
Erneuerung aus der Sub-Philosophie

Andreas Lentz

Radikaler, der ich bin, gebe ich mich nicht zufrieden mit dem seichten Gewäsch seitens der heute maßgeblichen »Philosophie«, die ihre innere Leere mit hochtrabenden intellektuellen Umschreibungen bemäntelt. Sie hat sich abgeschnitten vom Lebensquell der Weisheit, der Phantasie! Sie hat Angst vor dem dunklen Wald der Seele, sie ist heute derart dogmatisch und rückschrittlich, wie es zu Beginn der Neuzeit kaum die Kirche war. Aber werfen wir ein kurzes Streiflicht zurück.

Weit zurück: Die Archäologie hat mit ihren Ausgrabungen im mitteleuropäischen Raum, dessen Kern und Kreuzungspunkt Deutschland ist, gezeigt, wie hier ein Zusammenstoß zweier Kulturen erfolgte. Da waren die Megalithiker, Völkerschaften, die vom Landbau und mutterrechtlich organisiert in einer Art Ur-Demokratie lebten. Und da waren die Streitaxtleute, Händler und Viehtreiber, mit Pferd und Speichenradwagen, technisch den Ackerbauern überlegen, vaterrechtlich und streng hierarchisch organisiert. Der Zusammenstoß der dynamischen – soll man sagen »fortschrittsgläubigen« – Reitervölker mit den statischen – soll man sagen »verwurzelten« – Ackerbauvölkern brachte, was er bringen musste: die Überlagerung der technisch unterlegenen, wenig kriegerischen Bauern durch die überlegenen neuen Herren.

Eine Verschmelzung fand statt, die megalithische Kultur wurde nicht vernichtet, aber überlagert, in den Untergrund verdrängt. Es herrschte der Mann, der Heerkönig. Die Erde wurde nicht mehr als heilig angesehen, sondern zu Besitz degradiert. Nicht die kosmische Ordnung war

Maßstab, sondern der Wille zur Macht, die Verführung des »Machbaren«.

Die Verschmelzung dieser beiden Typen oder Archetypen hat Goethe gemeint, als er von den zwei Herzen in seiner Brust sprach. Kein anderes Volk hat diesen Zwiespalt stärker zu spüren als die Deutschen. Die Vorgeschichte ist nicht vorbei, sie lebt in uns – und deshalb beginne ich meine Betrachtung über die Naturphilosophie mit einer Rückschau in diese Anfänge.

Versuchen wir noch einmal, die beiden Pole klar zu beschreiben: Da ist ein Naturvolk, das im Stammesverbund lebt, die Erde bebaut und große Anstrengungen unternimmt, um die kosmische Ordnung zu erkennen und widerzuspiegeln, und dadurch zu größerer, fruchtbringender Wirksamkeit zu bringen. Es sind die Megalithiker, die Großsteingrableute, die die Menhire (großen Steine) aufrichten als Messpunkte für den Lauf der Gestirne und vielleicht auch, um durch sie kosmische Energie in die Erde zu leiten oder Erdenergieströme zu sammeln. Ihre Tempel, wie Stonehenge, sind Plätze der Volksversammlung, der Gerichtsbarkeit, der jahreszeitlichen religiösen Feste, Sitz der Weisen, die diese Messanlagen zur Observation benutzten. Sie kennen den Staat nicht und ihre kulturellen Strebungen sind auf das Sein gerichtet. Ihr Leben ist einfach, selbstgenügsam und spielt sich ab in der Geborgenheit des Kreises, der Heimat. Ihre Kultur ist eine geistige.

Und da ist das technisch begabte Volk mit für damalige Verhältnisse ungeheurer materieller Überlegenheit. Ihre Lebensgrundlage ist nicht der Ackerbau, nicht die Einwurzelung in den Boden, sondern sind die Viehherden, der Handel (und Raub), und sie haben Pferd und Speichenradwagen. Geleitet von Heerkönigen herrscht hier nicht die Philosophie der Einordnung in kosmische Gesamtzusammenhänge, sondern die der Unterordnung unter die herrschende Macht, nicht Bescheidenheit und liebende Hingabe an die Natur, sondern Ruhm und Unterordnung von Natur- und Menschenwelt sind die Tugenden in ihrer Phiosophie. Sie streben nach Besitz, ihr Denken ist auf Erfolg und Fortschritt gerichtet, ihr Leben spielt sich nicht im Kreis ab, sondern sozusagen auf einer Linie, auf der Bahn des Fortschrittes.

Wenn wir diese beiden Pole, die hier in ihrer »reinen« Form gegenübergestellt sind, erkannt haben, können wir sie als Bestandteile aller großen

philosophischen, kulturellen und politischen Strömungen wiedererken-
nen. Es ist wie Yin und Yang in der chinesischen Philosophie: Jede dieser
Grundkräfte hat ihren Gegenpol keimhaft in sich, und die reinen Formen
existieren nur in der Abstraktion. Doch mit Hilfe der Abstraktion sind wir
in der Lage, die Grundkräfte zu erkennen. - Ein Beispiel:

Die Eroberung Amerikas durch die Weißen. Da sind die entwurzelten
Massen, Heimatvertriebene aus wirtschaftlichen oder politischen oder
religiösen Gründen, Glücksritter und Abenteurer. Sie haben die überle-
gene technische Ausrüstung, sind an Zahl überlegen, und – da sie nicht
in Kreisläufen denken – können sie die Naturschätze uneingeschränkt
verwerten. Dem gegenüber die Ackerbauvölker der Ostküste, die Jäger-
Bauern-Völker weiter westlich. Es sind die Indianer, die in vielen Zeug-
nissen – wie in der berühmten Rede Häuptling Seattles – das Hohelied
des Kreises, des Eingebundenseins in die Natur singen. Die Weißen kommen mit ihrem Kapital in doppeltem Sinne: Ursprünglich kommt Kapital
von »Haupt«, das Kapital waren die Häupter der Herde, heute ist durch
Sinnübertragung auch das Geld, die Ansammlung von Reichtum, gemeint.
Die Weißen kommen also mit ihren Rinderherden; die wilden Büffel, die
sich nicht zum Eigentum machen lassen, werden abgeschlachtet, verwertet, zu Geld gemacht. Der (idealisierte) Cowboy ist der Prototyp des Weißen,
der der Erde mit einer besitzergreifenden Haltung gegenübertritt.

Der Weiße dem Indianer gegenübergestellt war also eindeutig der
Typus des »Streitaxtmenschen«, während die Indianer vom Typ her die
»Megalithiker« waren. Aber auch innerhalb der weißen Gesellschaft
Amerikas hat der Typ des »Megalithikers« gelebt und gewirkt. Mit der
Emanzipation vom englischen Königshaus, mit der Schaffung einer demo-
kratischen Verfassung hat hier die megalithische Komponente gewirkt,
die durch die Einflüsse, die die Weißen von den Indianern aufnahmen,
gestärkt wurde. (Die amerikanische Verfassung ist der Verfassung der
Irokesen abgeschaut.)

Dieses Beispiel ist exemplarisch, es lassen sich viele hinzufügen. Wollen wir doch einmal schauen, wie die Geschichte seit den Megalithikern
weitergeht; wollen wir die (Geistes-)Geschichte unter dem Aspekt der
Wirkung dieser beiden Komponenten schnell durcheilen. Zur Verein-
fachung möchte ich zuvor noch zwei Begriffe einführen, die die beiden

beschriebenen Pole benennen sollen. Die Hippies in den Sechzigern sprachen von »hip« und »square«, wenn sie diesen Gegensatz meinten, ich möchte die beiden Typen »Orga« und »Mecha« nennen. Ersteres hängt mit dem Organischen zusammen, dem Gebildeten, das Letztere hängt mit dem Mechanischen zusammen (zu griechisch MECHANE, Werkzeug), dem Gemachten. Die Megalithiker waren Orga-Menschen, in Kreisen und lebendigen Zusammenhängen denkend und empfindend. Die Streitaxtleute waren Mecha-Menschen, in Quadraten und »gemachten« Zusammenhängen denkend.

Die Völkerwanderungszeit war der Durchbruch des Mecha-Archetyps, es war der Beginn des Macht- und Mann-Zeitalters. Organische Volksstrukturen wurden von mechanischen Staatsstrukturen überlagert. Aber der Orga-Impuls war stark genug, dass noch zu Tacitus' Zeiten dieser von der hohen Stellung der Frau bei den Germanen berichten kann, von ihren Volksversammlungen. Trotz des Bestehens eines Adels gab es daneben noch die »Volksmütter« oder Weledas. Das germanische Bodenrecht hatte noch viel Megalithisches bewahrt, es gab noch die Allmende, die Gemeinerde, und der Wald, der den allergrößten Teil des Landes bedeckte, war gleichfalls Eigentum aller.

War also um Christi Geburt im germanischen Raum durch die Völkerwanderungszeit, durch den Einfluss der Streitaxtleute schon vieles von der Mecha-Mentalität geprägt, so waren die keltisch-germanischen Stämme gegenüber dem römischen Imperium, mit dem sie konfrontiert wurden, eindeutig organisch geprägt. Durch die Abwehrkämpfe der germanischen Stämme wurde der römische Mecha-Einfluss eine gewisse Zeit zurückgehalten, er entwickelte aber in den folgenden nachchristlichen Jahrhunderten eine ungeheure Dynamik.

Die erste Christianisierung auf dem europäischen Festland ging von Irland aus. Es war eine Mission, die – dem Urchristentum nahestehend – manche megalithische Haltung erneuerte, die Naturkräfte nicht verteufelte, sondern als Ausdruck des allumfassenden liebenden »Großen Geistes« einschloss.

Erst das folgende römisch geprägte Christentum war eigentlich mechanistisch in seiner Anschauung, verteufelte die Naturkräfte und verfolgte das Heidentum ebenso gewalttätig wie das keltische Christentum. Es ver-

folgte die einheimischen Götter, bestritt die Heiligkeit des Bodens, der
Bäume, der Quellen, der Steine und Höhlen, oder, wenn dies nicht möglich war, setzte seinen Gott an die heiligen Plätze.

Die Vorstellungen Karls des Großen von einem Gottesstaat, den er
errichten wollte, waren von der Grundidee her megalitisch inspiriert, er
wollte ein einiges Reich des Friedens schaffen. Aber in der Wahl seiner
Methoden, um dieses Ziel zu erreichen und in seinem nicht tief genug
gehenden Verständnis von einem Friedensreich, das er eben nicht als vielfältigen Garten, sondern als Monokultur begriff, war er eindeutig mechanistisch. Er brachte das römische Recht, schützte die Kirche (und wurde
von ihr geschützt), die längst nicht mehr christlich war (»Strebe zuerst
nach dem Reich Gottes...«), sondern nach Macht und Pfründen strebte,
das Christentum zu einer Ideologie »mechanisierte«, machte, und damit
zu einem Werkzeug ihrer privaten Interessen.

Die Heilige Schrift wurde zur letzten Instanz, die lateinische Sprache
zeichnete die herrschende Kaste aus. Das Volk wurde dem Staat verfüg-
bare Masse, das die Reichtümer der Herrschenden erarbeitete. Die Kirche
war zu dieser Zeit die »aufklärerische« Macht, die die alten Götter tötete
und die Beseeltheit der Natur bestritt und verteufelte. In den klösterlichen
Schulen liegt der Ursprung der modernen Naturwissenschaft, hier waren
die Schriftgelehrten – die von Jesus so heftig attackierten Pharisäer –
zuhause. Der Orga-Archetyp drückte sich immer wieder in Aufständen
von Volksgruppen oder Einzelnen aus. Die Bauernaufstände, die sich
gegen den Privatbesitz am Boden durch Fürsten und Bischöfe erhoben:
Sie wollten, dass die Erde wieder Gottes wäre, sie wollten Freie sein, eingeordnet aber nicht untergeordnet.

Die Angst der Mecha-Menschen, die wohl um das untergündig rumo-
rende, gefährlich irrationale des organischen Denkens und Empfindens
wussten, erlebte dann ihren Ausfluss in den Hexenverfolgungen, denen
nach manchen Schätzungen Zehntausende, nach anderen mehrere Millionen Menschen, besonders Frauen, zum Opfer fielen. Mit ihrem – ich
möchte heute sagen höchst primitiven – mechanistischen Denken gingen
sie davon aus, dass durch die Hinrichtung (Ermordung) des ihrer Herr-
schaft gefährlichen organischen Menschentyps dieser auszurotten sei.
Will man davon ausgehen, dass etwa mediale Fähigkeiten erblich sind, so

muss man gestehen, dass die Mecha-Menschen hier einen großen Erfolg hatten.

Aber die organische Weltschau lebte weiter in den verbotenen Märchen, in den von der Kirche nur dürftig ummäntelten heidnischen Festen. Zwar konnte niemand mehr Feen oder Zwerge sehen (oder wer es konnte, schwieg, denn es konnte ja sein Leben kosten), aber in den Märchen lebten sie fort. Zwar wurde durch christliche Interpretation der Sinn der Feste neu definiert, aber im Unbewussten erhielt sich eine Rückbindung an das Orga-Bewusstsein.

Es lebte im Christentum auch das Organische fort: In den Mystikern und in der Marianischen Bewegung fand es, von der kirchlichen Hierarchie oft verfolgte, Ausdrucksmöglichkeiten.

Dann, wie in den anderen Aufsätzen dieses Büchleins beschrieben, wurde die Aufklärung der Kirche, die noch in vielen metaphysischen Vorstellungen verhaftet blieb und in erstarrten Dogmen gefangen war, von einer zweiten Aufklärung abgelöst, einer neuen Qualität des mechanistischen Denkens, welches unsere moderne Zeit so tief geprägt hat.

Die Technik, die Handhabung von Werkzeugen, die Entwicklung der Maschinen ging einher mit der Verfeinerung des Intellekts, der ja als Verstandestätigkeit dem Menschen, seit er Mensch ist, als Werkzeug diente. Nun wurde aber aus diesem Werkzeug (zu höherem Sinn), der Sinn an sich. Und der Intellekt – in Verbund mit Macht- und Besitzstreben – entwickelte sich zu einer nie vorher dagewesenen Omnipotenz. Jetzt war der Verstand für alles zuständig, das rationale, analytische Denken verachtete die Träume und die Bilder. Zahlen zählten, das Berechenbare und Machbare.

Wissenschaft und Technik verleugneten gänzlich ihre Herkunft aus der klassischen Naturphilosophie und der ganzheitlichen Alchemie. Doch so erdrückend die Übermacht des Mechanischen, des Begrifflichen war, das Organische, das Bildhafte war nicht tot. Die Brüder Grimm mit ihrer Arbeit holten die Märchen aus dem Exil ans Tageslicht des Bewusstseins, die Romantiker ließen die Naturgeister wieder erstehen. Die große Tragik war nur, dass die Spaltung des Menschen in Mecha- und Orga-Geist nicht aufgehoben werden konnte. Dieser innere Zwiespalt, diese doppelte Moral machte es möglich, dass Naturzerstörung einhergehen konnte mit der Romantisierung der Natur.

Es war aber nicht eigentlich so, dass die Romantik das Feigenblatt abgab für die ungehemmte Abholzung und Verwertung der Wälder (auf der die ganze Industrialisierung anfangs beruhte), sondern es war vielmehr so, dass die Romantik in ihrem Wesen gar nicht verstanden wurde von der großen Masse und nicht einbezogen in die Philosophie. Es war wie mit dem Christentum als Sonntagsreligion: Man befriedigte ein emotionales Bedürfnis am Sonntag, um werktags um so ungehemmter die Werte der Sonntagsphilosophie missachten zu können.

Diese unheilvolle Zwiespältigkeit, durch die die Romantik, der Mythos und die Seelenkräfte der »schwarzen Magie« des Machtstaates unterjocht wurden, stellte eben nicht die so notwendige Integration der Gegensätze dar, sondern wie die Naturkräfte und -schätze ausgebeutet wurden, so wurden die Mythen und Seelenkräfte ausgebeutet. Wenn heute ein Satz wie: »Der Pazifismus der 30er Jahre hat Auschwitz erst möglich gemacht«, empört zurückgewiesen wird und werden muss, dann müssen wir auch die Hypothese, die Jugendbewegung mit ihrer Erneuerung von Volkstum und Naturfrömmigkeit habe das Dritte Reich erst möglich gemacht, ebenso entschieden zurückweisen.

Gelang es dem römischen Machtstaat, das Christentum zum Werkzeug seines Imperialismus zu machen – ohne dass das Urchristentum, die Lehre des Galiläers Jesus von Nazareth deswegen imperialistisch gewesen wäre –, so gelang es den wahren Mächtigen der Zwischenkriegszeit (zwischen 1. und 2. Weltkrieg), die Ideale der Romantik und des Volkstums (ist doch Volk eine organische Struktur!) in ihr Gegenteil zu verkehren. Ein unterdrückerischer Militär- und Machtstaat in der Tradition des Heerkönigtums der Streitaxtleute entstand, die ursprünglichen Ideale wie Gesundheit, natürliche Lebensweise, Bodenrechtsreform, biologischer Anbau oder Wiederbelebung der einheimischen Bräuche wurden immer mehr zu Hülsen. Und dies durchaus nicht immer, weil eine schlechte Absicht dahinterstand, sondern weil das Diktum »der Zweck heiligt die Mittel«, dieses unheilvoll verführerische Dogma, nicht überwunden war. Man versuchte mit Gewalt (sprich mechanistischen Methoden) etwas zu verwirklichen, was nur durch Liebe (sprich organischem Wirken) zu erreichen ist.

Diese aktuellen und politisch anmutenden Bemerkungen sind mir absolut notwendig. Wollen wir nämlich von einer wirklichen Erneuerung der Naturphilosophie sprechen, einer Erneuerung der Synthese, des Integralen und Ganzheitlichen, ja, (ich wage es auszusprechen, hoffend, dass meine bisherigen Darlegungen Missverständnisse ausschließen) einer Erneuerung des »Heils«, dann müssen wir uns vor zwei Fehlern hüten, die in der Vergangenheit gemacht wurden:

Der erste Fehler ist, Philosophie und Methode, Idee und Handlungsweise zu trennen. Diesen Fehler sehen wir im Christentum, bei Karl dem Großen und anderswo, auch im Dritten Reich (wenngleich dort so verwickelt, dass ich hier nicht auf alle Aspekte, insbesondere den schwierigen des Rassismus eingehen kann).

Der zweite Fehler ist, die Resultate einer Philosophie mit dieser Philosophie gleichzusetzen, die Begriffe einer Philosophie mit der Art und Weise ihrer Anwendung. Sprach Nietzsche vom Übermenschen, so wurde daraus im Faschismus der Herrenmensch. Sprach Jesus davon, dass keiner ins Himmelreich käme, denn durch ihn, so wurde daraus der Mord an unzähligen unschuldigen Heiden. Der zweite Fehler ist also, nicht das falsche Verständnis oder die falsche Anwendung der philosophischen Begriffe auszumerzen, sondern die Begriffe selbst – was nur dazu führt, dass dieselben Inhalte in neuem Gewand wieder erscheinen.

Die heutige Umweltschutzbewegung, darauf wurde schon in den früheren Aufsätzen hingewiesen, ist das Wiedererstehen der Naturphilosophie. Wie einst die Mystiker von der Kirche, die Vitalisten von den Physikalisten, die Urchristen von den Scholastikern, Jesus von den Pharisäern, die primitiven Wilden (Kelten, Germanen, Indianer und so weiter) von den Zivilisierten, so werden heute die »Grünen« von den »Etablierten« als Ketzer, als Spinner, als Phantasten verschrien, mal mit dem roten, mal mit dem braunen Etikett versehen. Vergessen wird dabei, dass auch die politischen Richtungen, die wir heute Rot und Braun zuordnen, einen gemeinsamen Ursprung in der Naturphilosophie haben. Und beide sind von Mecha-Menschen zum Werkzeug zur Formung von Machtstaaten zweckentfremdet worden. Denn der Sozialismus wie der Nationalismus wurzeln in der Vorstellung von einer Urgemeinschaft, Ur-Demokratie, vom Volk, gründen sich auf der Vorstellung von einer Naturordnung und Natur-Gesetzlichkeit. Leider nur wird eben zu oft – willkürlich und zu Machtzwecken – das vom Menschen und Partialinteressen gemachte

Gesetz als naturgemäß und dem Interesse des ganzen Volkes dienend hingestellt.

Der Stand des heutigen Verständnisses bei den Grünen, der Entwicklungsstand ihrer Philosophie, ist, von der Naturphilosophie her betrachtet, noch lange nicht radikal genug. Die Sub-Philosophie, das ursprüngliche Megalith-Denken muss hier viel stärker Eingang finden, und damit notwendigerweise das Magische, Mythische, Religiöse und Spirituelle. Denn der megalithische Mensch, eingebunden in seine Heim-Ordnung, Heimat, in sein Mutter-(nicht Vater-!)land, kannte die Trennung von Religion, Politik, Wissenschaft und Philosophie nicht! Stonehenge war wissenschaftliches Observatorium, Stätte der Gerichtsbarkeit und der Volksversammlung, Ort der religiösen Zeremonien und Mittelpunkt der philosophischen Bildung. Hier, aus dieser Quelle kann die Philosophie wieder ihrer eigentlichen Aufgabe gerecht werden, nämlich Werte zu schaffen. Unsere Wertordnung, die nur das Materielle sieht und nur die heutige Generation, und die sich am Haben orientiert, muss gestürzt werden, aber nicht unterdrückt, sondern eingeordnet in das größere Ganze.

Es ist die Zeit reif für eine geistig-philosophische Revolution, eine Umwertung der »Werte«. Die Menschheit und die Natur haben lange genug unter den Dogmen der Wissenschaft, unter der Fixierung auf den Fortschritt gelitten. Wie reaktionär, gefährlich und rückschrittlich die Wissenschaft heute ist, erweist sich am Beispiel des Sterbens von Flüssen oder Wäldern.

Die Zusammenhänge sind von jedem Laien, von jedem, der nur schauen kann, zu erkennen. Sie sind offenbar und augenscheinlich: Der Fluss stirbt an giftigen Abwässern, der Wald stirbt an giftigen Niederschlägen. Doch immer noch wird nichts unternommen, weil »die Zusammenhänge noch nicht mit letzter Sicherheit wissenschaftlich erwiesen sind«. Also starrt man gebannt auf die Priester der heutigen Religion (die wahrhaft Opium fürs Volk ist) und wartet ihren Ratschluss ab. – Und inzwischen stirbt die Erde… die Wälder, die Flüsse, der Boden, die Luft…

Haben wir denn ganz vergessen, was uns die Natur erzählen kann? Vergessen, was Landschaft und Kosmos in unsere Seelen prägten? Haben wir verlernt, das zu glauben was wir sehen, fühlen, riechen, spüren? Ist uns über die Feinheit der Sinne auch der rechte Lebenssinn verloren gegangen? Haben die Pharisäer so viel Macht über uns, dass wir uns nicht trauen, an das Übernatürliche, an Elfen und Feen zu glauben? Können wir nicht endlich erkennen, dass die Liebe zum Wald sich nicht erschöpfen darf im Singen hübscher Volkslieder, sondern dass der Alltag nach einer Verwirklichung unserer Träume ruft?

Die Wahrheit ist einfach, sie ist für jedermann erkennbar. Wir brauchen die selbsternannten Besserwisser nicht, die das Vorhandensein von Qualität, wahrem Wert, abstreiten, weil diese nicht messbar ist. Die Wahrheit ist einfach, wir finden sie in uns, in der Natur und bei den großen Weisen, die bei der Natur und der Weisheit der Erde in die Lehre gegangen sind.

Wir finden sie bei Häuptling Seattle: »Die Erde gehört nicht dem Menschen, der Mensch gehört zur Erde.« Und:

»Der Mensch schuf nicht das Gewebe des Lebens, er ist darin nur eine Faser.«

Wir finden sie bei Lao Tse: »Gesetzlichkeit ist verdorrte Form von Gesetzmäßigkeit«, man könnte auch sagen, die von Menschen gemachten Gesetze sind die verdorrte Form der lebendigen Naturgesetze.

Wir finden sie bei den Hopi: »Wir wissen, dass die vom Menschen gemachten Gesetze ein Weg sind, der zur eigenen Unterdrückung führt.«

Letztlich finden wir sie aber nur in uns selbst, in der Aufhebung der Trennung von Denken und Tun, von Mensch und Natur, von Körper und Geist und all den anderen Dualismen, die unser Denken, unsere Vernunft versklaven.

Denn Ver-nunft, sie ist das, was wir von innen vernehmen. Vernünftig sein bedeutet also, die vorgefertigten, von außen kommenden Konzepte des Denkens abzuwerfen und auf die innewohnende Kraft unseres eigentlichen Gewissens zu vertrauen – wenn wir das tun, dann brauchen wir über Naturphilosophie nicht mehr zu reden…

Frankfurter Rundschau, Samstag, 2. Juli 1983, Nr. 150
Ein Zeitdokument, das zum Thema passt.

Erfinderische Zwerge?

Von Anton-Andreas Guha

(Hervorhebungen von Andreas Lentz)

Der Abwurf der ersten Atombombe auf Hiroshima, der innerhalb von zwei Sekunden 90.000 Menschen tötete, hat den Glauben an die „Wertfreiheit" der Naturwissenschaft zerstört. Viele der bedeutendsten Naturwissenschaftler – Robert Oppenheimer, Albert Einstein, Max Born – haben erkannt, „daß es höchste Zeit ist, sich mit Gut und Böse vertraut zu machen", so der Botaniker Anders Munk. Die Naturwissenschaftler wurden für die die Folgen ihrer Forschungsergebnisse verantwortlich gemacht; denn diese hätten, so Max Born, für den Hiroshima zum Schlüsselerlebnis wurde, „soziale, ökonomische und politische Funktionen".

Das ist sogar noch untertrieben: Naturwissenschaft ist eine Macht, „die das Schicksal des Menschengeschlechts bestimmt" (Born), aber nur, weil ihre Ergebnisse verwertet und in anwendbare Technik umgesetzt werden – von Profitinteressen und Wettbewerbsdenken oder von politischem Kalkül und Machtstreben. Auf diese Verwertung aber hat die Naturwissenschaft keinen Einfluß, sie fühlt sich deshalb auch gar nicht verantwortlich, trotz Hiroshima, trotz der Gefahr eines tausendfachen Hiroshimas, sondern verharrt in ihrem Getto der Wertfreiheit jenseits von Gut und Böse.

Mehr noch: Naturwissenschaft ist weitgehend Auftragswissenschaft geworden in Diensten jener mächtigen Verwertungsinteressen; erforscht wird, was diesen partikularen Interessen nutzt. Galileo Galilei würde dies als Prostitution des Denkens bezeichnet haben, zumal ihn Bert Brecht sagen läßt, „daß das einzige Ziel der Wissenschaft darin besteht, die Mühseligkeit der menschlichen Existenz zu erleichtern". Dieses Ethos, diese Forderung an die Naturwissenschaft, nur dem Gemeinwohl verpflichtet zu sein, klingt heute naiv, obwohl Naturwissenschaft auf vielen Gebieten beiträgt, menschliche Existenz zu erleichtern.

Aber insgesamt ist die Naturwissenschaft selbst zum Problemfall geworden. Die rasche und rücksichtslose Verwertung ihrer Ergebnisse droht menschliche Existenz eher zu gefährden, sei es durch die Elektronik, die Millionen von Arbeitsplätzen wegrationalisiert, die weltweite Umweltzerstörung oder durch die bereitstehenden Massenvernichtungswaffen, Wunderwerke wissenschaftlichen Forschens. Und immer deutlicher zeigt sich, daß die Hoffnung, auftretende Schwierigkeiten ließen sich mit Hilfe eben der Naturwissenschaften schon beizeiten lösen, trügerisch wird. Die Probleme übersteigen längst die Lösungskapazitäten, die Naturwissenschaft anbietet. Aus diesem Grund nennt Galilei in Bert Brechts Stück seine Kollegen „erfinderische Zwerge, die für alles gemietet werden können".

Der leidenschaftliche Physiker und Nobelpreisträger Max Born machte darüber hinaus die Naturwissenschaft verantwortlich „für den Zusammenbruch aller ethischen Grundsätze, die sich im Laufe der Geschichte entwickelt haben", denn weil sie die Folgen ihre Tuns nicht bedächten und die Verwertung ihrer Ergebnisse anderen überließen, träge sie dazu bei, daß sich letztlich das Prinzip „Der Zweck heiligt die Mittel" durchsetzt.

Born wirft die Frage auf, ob der Verstand, der jede Wissenschaft hervorbringt, den Menschen nicht überfordere; denn die vom Verstand in Gang gesetzten Prozesse „werden nicht durch den Verstand kontrolliert". Angesichts einer möglichen nuklearen Katastrophe kommt Born zu dem Ergebnis, daß „der Versuch der Natur, ein denkendes Wesen hervorzubringen, gescheitert ist". Gemeint ist die Gattung Mensch; denn der einzelne kann sehr wohl vernünftig denken, Gut und Böse unterscheiden.

Die menschlichen Verstandeskräfte explodieren, während seine emotionalen Fähigkeiten stagnieren, das bedeutet: Der Mensch des 20. Jahrhunderts handhabt ein Maschinengewehr oder eine Rakete mit atomaren Mehrfachsprengköpfen genauso wie ein Steinzeitmensch seinen Faustkeil. Die Motive – Angst, Haß, Tötungslust, Beutegier, Irrtum – sind dieselben, nur die Instrumente haben eine milliardenfach höhere Wirkung.

Zwischen (naturwissenschaftlichem) Verstand und den Empfindungen hat der Philosoph Immanuel Kant noch eine „Erkenntniskraft" angenommen, die Vernunft, die der Ethik gleichzusetzen sei. Vernunft und Ethik könnten beispielsweise zu dem Ergebnis kommen, daß nicht alles

verwertet werden dürfe, was der Verstand für machbar erklärt. Vernunft
weiß auch, was „menschliche Existenz erleichtert". Sie könnte die Kriterien dafür angeben. Vielleicht kennzeichnet der „Tiefstand der Ethik"
(Born), daß die politisch gemeinte Forderung Walter Benjamins, Politik
und Wissenschaft müßten das „Glück" der Menschen anstreben, fast
weltfremd wirkt.

Schließlich wissen Vernunft und Ethik, daß die moderne Waffenent-
wicklung zur Führbarkeit von Atomkriegen verleiten könnte, daß aber das
Risiko der Weltvernichtung unwägbar bleibt, seine bewußte Hinnahme
also unvernünftig und unsittlich ist. „Die Verhinderung eines atomaren
Holocaust ist oberste ethische Pflicht", sagte dieser Tage ein Naturwissenschaftler in einer Podiumsdiskussion. Das ist richtig, bedeutet aber,
daß sich die großen Glaubens- und Erkenntnissysteme – Christentum,
Marxismus, aufgeklärter Humanismus – verabschiedet haben von dem
Anspruch, Geschichte so zu gestalten, daß die Menschheit zu einem sittli-
chen Ziel gelangt, zur Freiheit und Befreiung von Zwängen aller Art. Wer
um das nackte Überleben kämpft, sucht, wie der Affe in Kafkas „Bericht
an eine Akademie" nur noch nach einem „Ausweg", nicht nach Freiheit.

Daß jetzt immer mehr Naturwissenschaftler aufwachen, um ihre
totale Verwertung zu verweigern, scheint ein Hoffnungsschimmer zu
sein. Die Zeit ist knapp geworden.

Der Nachruf auf ihn hier:
www.fr.de/kultur/unermuedliche-11631600.html

Bücher, die Wege weisen...

Das Lied der Mutter Erde

»Blumen und Bäume können nicht sprechen, aber sie haben Herzen und Seelen genau wie du. Sie können deine Liebe fühlen, die Botschaft deines Herzens hören...« so spricht Altim Elut, der Häuptling der Erdgeister zu »kleines Mädchen«. Doch die Naturgeister ziehen sich immer mehr zurück aus unserer Welt. Kann »kleines Mädchen« mit seiner Gebetsflöte die Naturgeister zurückrufen? Dieses wahre Märchen ist eine Freude für alle »Kinder« von 7 bis 90. Es ist ein Lied, das einem menschlichen Herzen entspringt, ein Lied, das von Liebe und Zuversicht erfüllt ist.

Tony Shearer
Die Gebetsflöte
Das Lied der Mutter Erde
Paperback, 96 Seiten
ISBN 978-3-89060-139-7

Der Mensch wird die Erde nicht retten...
aber vielleicht die Erde den Menschen

Die Vorstellung vom Menschen als dem denkenden Wesen und vom Rest der Welt als der unbewussten Biosphäre ist noch relativ jung – und völlig falsch. In ihrer Rückschau in die Menschheitsgeschichte, durch ihre Fragen, was Geist, Gehirn und Denken eigentlich sind, und in ihrer Betrachtung der Lebensstufen des Menschen legt Dolores LaChapelle überzeugend dar, dass nur-menschliches Wissen allein nicht ausreicht, um ein globales ökologisches Gleichgewicht zu erreichen. Vielmehr muss sich unser menschlicher Geist wieder dem Geist-im-Großen, der Weisheit der Erde anschließen.

Dolores LaChapelle
Weisheit der Erde
Von der Erde lernen heißt leben lernen
Paperback, 384 Seiten, mit 25 s/w-Fotos
ISBN 978-3-89060-610-1

Einsichten in die Elfenwelt

Als isländische Elfenbeauftragte – eine in der Welt einmalige Institution – ist Erla weltweit bekannt geworden. Seit Kindheit hellsichtig, kann sie aber nicht nur von Elfen und Ortskräfte berichten. In diesem Buch erzählt sie aus Ihrem Leben, von ihren Begegnungen in der Astralwelt, ihren Erfahrungen mit Heilgebeten und regt die Leser mit praktischen Übungen immer wieder an, die eigene Wahrnehmung zu erweitern, denn die Realität ist so viel umfassender und vielfältiger, als es uns auf den ersten Blick scheinen mag.

Erla Stefánsdóttir
Lifssyn min
Lebenseinsichten der isländischen Elfenbeauftragten
Gebunden mit Lesebändchen, 208 Seiten,
durchgehend mit farbigen Bildern
ISBN 978-3-89060-264-6

Grenzerfahrung in der Wildnis

Dies ist das Tagebuch einer Wanderung quer durch Norwegen, unternommen von Maria Grøntjernet im Alter von 16 Jahren. Sie lässt uns durch ihre unverstellte Erzählweise und großartigen Fotos am Abenteuer ihres Lebens teilhaben, das sie in Norwegen berühmt machte: als »Vilmarksjenta«, Wildnismädchen. Ihr Tagebuch lässt uns ihre Wanderung miterleben: die ersten Tage noch mit ihrem Vater, die Trennung und das Alleinsein; das Jauchzen, als sie in die Berge kommt; das Elend der Strapazen, der Blasen an den Füßen, der Erschöpfung. Sie schreibt für sich – und für uns, als wären wir ihre vertrauten Freunde. Und sie hat viel Zeit, ihren Gedanken über das Leben und die Welt und die Natur fließen zu lassen.

Maria Grøntjernet
Wildnismädchen
Quer durch Norwegen zu mir selbst
Klappenbroschur, 208 Seiten, mit mehr als 100 Farbfotos
ISBN 978-3-89060-755-9

Ein Jahreskurs in Naturverbundenheit
Das Buch gibt den Lesern einen Leitfaden an die Hand, um in der Natur wieder wirklich heimisch zu werden. Vier Jahreszeiten lang führt es ihn in 32 Kapiteln durch die Bereiche Naturwahrnehmung, Naturwissen, Naturhandwerk und Naturspiritualität. Diese Bandbreite ermöglicht sowohl ein weites Erfahrungswissen um die Natur, als auch eine kraftvolle Verbindung mit ihr.

Matthias Blaß
Freundschaft mit der Natur
Sich verwurzeln – Kraft schöpfen –
Den Himmel berühren
Klappenbroschur, 368 Seiten
ISBN 978-3-89060-832-7

Die Jahreskreisfeste und ihre Pflanzenbräuche
Das Buch behandelt alte und neue Pflanzenbräuche zu den jeweiligen Jahreskreisfesten. Zu jedem Fest gibt es ein Pflanzenmärchen, das von den Ursprüngen, der Stimmung, den keltischen Vegetationsgöttern oder den Pflanzen der jeweiligen Zeit erzählt. Jedes Jahreszeitkapitel beinhaltet zudem jeweils vier ausführliche Pflanzenportraits und allgemeine Ausführungen zur Wildpflanzenkunde. Außerdem enthält das Buch diverse Kochrezepte, Bastelanleitungen und Heilmittelherstellungen.

Coco Burckhardt
Pflanzenbrauch im Jahreslauf
Mit Baum und Kraut im Reigen der Jahreskreisfeste
spielen, heilen und genießen
Klappenbroschur, 192 Seiten, Zeichnungen
ISBN 978-3-89060-811-2

Das Wunder des Lebens neu entdecken

Das Wunderbare wohnt genau hier auf diesen wundervoll lyrischen Seiten, die uns einladen und dazu verleiten, in Fabianas magischem Reich zu spielen und uns wieder mit unserer tiefsten, wunderbaren Essenz zu verbinden. Dieses Buch verwebt Erkenntnisse aus Wissenschaft, Psychologie, Philosophie, Mythos und Kunst mit spielerischen Übungen, die tiefgreifende positive Veränderungen bewirken können. Dieses Buch ist eines jener Bücher, die man nicht ausleihen, sondern immer wieder zur Hand nehmen möchte.

Fabiana Fondevila
Wo das Wunderbare wohnt
Mit einem Vorwort von Bruder David Steindl-Rast
Klappenbroschur, 288 Seiten
ISBN 978-3-89060-816-7

Bäume als Yoga-Partner

Dieses Buch ist für Anfänger der perfekte Einstieg in die Yoga-Welt. Fortgeschrittenen dürfte es interessante neue Impulse liefern. Es wird besonders diejenigen ansprechen, die die Natur lieben und ihre Beziehung zu den Bäumen vertiefen wollen, unabhängig vom Alter.

In einem eigenen Kapitel wird auf jene Rücksicht genommen, die aufgrund von körperlichen Einschränkungen oft denken, Yoga wäre für sie unmöglich – mit diesem Buch ist Yoga für alle machbar!

Jenny Garrison
Yoga mit Bäumen
Klappenbroschur, 160 Seiten, mit Zeichnungen
ISBN 978-3-89060-808-2

Das ganze Leben der Bäume
Dieses Buch bietet eine kompakte Übersicht über Biologie und Ökologie der Bäume und viele wenig bekannte Tatsachen über die Bedeutung der Wälder für den Planeten. Es führt uns in das Innere der Bäume, die faszinierende Welt der Zellen und Moleküle, erklärt die elektromagnetischen Kraftfelder und wie Bäume mit Hilfe von Licht kommunizieren. In zweiten Teil geht es um die tiefe kulturelle Verbindung des Menschen mit den Bäumen von der Steinzeit bis heute (»die uralte Freundschaft von Baum und Mensch«), und im dritten Teil werden die wichtigsten heimischen Bäume in ausführlichen Porträts vorgestellt.
Dieses Buch ist das maßgebliche Standardwerk, das zeigt, welche Bedeutung den Bäumen nicht nur für das globale Klima, sondern auch für Leib und Seele von uns allen zukommt.

Fred Hageneder
Der Geist der Bäume
Eine ganzheitliche Sicht ihres unerkannten Wesens
Hardcover, 416 Seiten,
238 teils farbige Abbildungen, Lesebändchen
ISBN 978-3-89060-632-3

Die Lebensprozesse eines gesunden Planeten
Nur die eine Erde erklärt die planetarischen Lebenserhaltungssysteme in ihrer Ganzheit, bietet eine umfassende Gesamtdarstellung der globalen ökologischen Krise und zeigt die uns verbleibenden Optionen auf, um ein zuträgliches Klima und die noch vorhandene Artenvielfalt zu retten, die Verseuchung zu beenden und die Ökosphäre dieses Planeten zu heilen.

Fred Hageneder
Nur die eine Erde
Globaler Zusammenbruch oder globale
Heilung – unsere Wahl
Klappenbroschur, 376 Seiten
ISBN 978-3-89060-796-2

Ein Quantensprung in unserer Beziehung zur Natur
Nachdem die Vorstellung, dass in der Natur unsichtbare Intelligenzen am Wirken sind, nicht mehr ganz so absonderlich erscheint, wie noch vor Jahren, ist jetzt die Zeit gekommen für dieses Buch, in dem uns einer vom elbischen Volk der Leprechauns erzählt, wie wichtig die Zusammenarbeit der Menschen mit den Naturgeistern ist. Leicht lesbar und auf unterhaltsame Weise bringt uns die Autorin Tanis Helliwell die Welt der Elfen, Devas und Elementale näher – und selbst Skeptiker werden ihr Vergnügen haben und ins Nachdenken kommen.

Tanis Helliwell
Elfensommer
Meine Begegnung mit den Naturgeistern
Ein Tatsachenbericht
Paperback, 224 Seiten
ISBN 978-3-89060-679-8

Eine »Pilgerfahrt« voller Überraschungen
Das zweite Buch von Tanis Helliwell, in dem sich die Naturgeister zeigen – wenn auch in einer für uns Menschen nicht immer sehr angenehmen Weise. Auf dieser Tour durch Irland stoßen die Leprechauns Tanis und ihre Gruppe mit ihrem Witz auf deren »blinde Flecken« und bringen sie immer wieder in das »Jetzt« – auch wenn nicht alle Reisenden das als besonders witzig empfinden. Doch letzten Endes ist es eine sehr lehrreiche Pilgerfahrt, auf der sich die große Weisheit der unsichtbaren Reisebegleiter offenbart. Wir Leser, vom Schalk der Naturgeister nicht betroffen, können uns bei der Lektüre bestens amüsieren – und dabei noch etwas dazulernen.

Tanis Helliwell
Elfenreise
Eine mystische Irlandfahrt mit den Naturgeistern
Ein Tatsachenbericht
Paperback, 208 Seiten
ISBN 978-3-89060-323-0

Aufbruch in eine neue Traumzeit

Denn ist es nicht Zeit, andere Wege einzuschlagen? Diese neue Art des Pilgerns, bei der es darum geht, die Erde als lebendiges Wesen zu erfahren und mit ihr in einen wechselseitigen Austausch zu treten, kann richtungsweisend für eine lebenswerte Zukunft von uns Menschen auf und mit der Erde sein. Es gilt aufzubrechen, um ein größeres Selbst zu entdecken, das um die Verbundenheit von allem in der einen Weltseele weiß. Das bedeutet, sich selbst zu erweitern und dazu beizutragen, dass wir Menschen wieder in »rechte Beziehung« mit der Erde kommen und ihre Heiligkeit empfinden können. Wenn wir in diesem Geist pilgern, bringen wir etwas zu den bezaubernden Plätzen, die wir besuchen, anstatt nur etwas für uns
mitnehmen zu wollen.

Waltraud Hönes
Das neue Pilgern
Begegnung mit der lebendigen Erde
Klappenbroschur, 256 Seiten
ISBN 978-3-89060-812-9

Seelenlandschaften wiederentdecken

Wahre Schamanen sind nicht in erste Linie Heiler von Menschen. Vielmehr wirken sie heilend auf das ganze Gewebe von menschlicher und nichtmenschlicher Welt ein. Schamane sein heißt, in das Ganze der Landschaftsseele eingebunden und im Austausch mit ihren Seelenwesen zu sein. Der einzelne Mensch wie die Gesamtheit der Menschen kann erst wieder gesunden, wenn sie sich wieder einfügen in die wechselseitige Bezogenheit alles Beseelten, einschließlich Stein und Berg.

Waltraud Hönes
Seele der Landschaft – Landschaft der Seele
Eine Wiederbegegnung von Mensch, Mythos und Natur
Der schamanische Weg von Wayna Fanes
Hardcover, 128 Seiten, 14 Farbtafeln
ISBN 978-3-89060-625-5

Zu schön um wahr zu sein: Der grüne Schein trügt

In diesem Buch legen Jensen und seine Mitautoren haarklein dar, dass all die »Lösungen« schöner Schein sind und weit davon entfernt, in eine grüne Zukunft zu führen. Je länger wir vor dieser Wahrheit davon- laufen, desto schmerzhafter wird das Erwachen sein. Die Autoren dieses Buches fordern nichts anderes, als dass wir unsere Lebensweise grundlegend revidieren und uns auf die einzig wirkliche grüne Energie besinnen: Das Blattgrün der Pflanzen, die Sonnenlicht in Energie und in Nahrung verwandeln. Dieses Grün hat uns über die Jahrhunderttausende unseres Menschseins am Leben erhalten.

Derrick Jensen, Lierre Keith, Max Wilbert
Schöner grüner Schein
Warum »grüne« Technologien
derselbe Irrweg in Grün sind
Klappenbroschur, 526 Seiten
ISBN 978-3-89060-838-9

Die Anmut der Einfachheit leben

Elegante Einfachheit bietet eine in sich stimmige Lebensphilosophie, die die Einfachheit des materiellen Lebens, des Denkens und des Geistes miteinander verbindet. Darin destilliert Satish Kumar fünf Jahrzehnte des Nachdenkens und der Weisheit in einen Leitfaden für jedermann, der Folgendes beinhaltet:
• die ökologischen und spirituellen Prinzipien des einfachen Lebens,
• Ablegen von »Zeug« und seelischem Ballast,
• den Geist und das Herz für den tiefen Wert von Beziehungen öffnen,
• Verankerung der Einfachheit in allen Aspekten des Lebens,
• Wissenschaft und Spiritualität zu einer kohärenten Weltanschauung verschmelzen.

Satish Kumar
Elegante Einfachheit
Die Kunst, gut zu leben
Klappenbroschur, 208 Seiten
ISBN 978-3-89060-834-1

Die Liebe zum Leben ist die höchste Form der Liebe

Wenn wir zu unseren Lebzeiten Frieden wollen, müssen wir Liebe praktizieren. Folgen Sie den Spuren des Umweltaktivisten Satish Kumar und finden Sie mit ihm Wege, uns selbst, einander und alle Lebewesen auf dem Planeten Erde zu lieben – auch jene, die wir vielleicht als nicht liebenswert empfinden. Die Kraft der radikalen Liebe fasst die lebenslange Friedensarbeit des Autors in einfachen Lektionen zusammen, um unsere Zeit der ökologischen Krise, des Konflikts und des Mangels in eine neue Ära zu überführen, in der wir Harmonie mit der Natur, Sicherheit, Fülle und Liebe erleben.

Satish Kumar
Die Kraft der radikalen Liebe
Klappenbroschur, 192 Seiten
ISBN 978-3-89060-861-7

Bildung, die fit macht für die Zukunft

»Lebendiges Lernen« ist ein bahnbrechender und dringender Aufruf an uns alle, die überkommene Fortschrittsperspektive aufzugeben, die den Menschen an die Spitze der Evolution stellt, um alles darunter auszubeuten und zu zerstören. Vielmehr müssen wir sie durch eine neue Ethik- und Umwelterziehung ersetzen, die uns das Verantwortungsbewusstsein lehrt, das wir brauchen, um im Gleichgewicht mit der übrigen Natur zu leben, und es uns ermöglicht, zu überleben und zu gedeihen.

Satish Kumar & Lorna Howarth
Lebendiges Lernen
Bildung für Mensch und Erde
Klappenbroschur, 304 Seiten
ISBN 978-3-89060-849-5

Eine heilende Vision für die Menschheit und die Erde

Die Menschheit hat sich zutiefst vom Netz des Lebens auf der Erde und von der Natur als Ganzes abgekoppelt. In diesem Leitfaden stellt Elizabeth E. Meacham ihre praxiserprobte Methode der schamanischen Ökotherapie vor, um diesen jahrhundertelangen Trend der Abkopplung umzukehren. Durch diese Praktiken lernen wir, wie wir uns wieder mit den Lebenssystemen der Erde verbinden und dazu beitragen, die Gesundheit und das Gleichgewicht der Menschen und des Planeten wiederherzustellen.

Elizabeth E. Meacham
Das Erdseele-Träumen
Schamanische Praktiken für unsere
Rückverbindung mit der Erde
Klappenbroschur, 272 Seiten
ISBN 978-3-89060-795-5

Die Wildnis als Spiegel unserer Seele

Dieses Buch ist eine Einladung, die wilden Landschaften der Erde kennenzulernen, um uns selbst darin wiederzufinden: unser wahrhaftiges und tiefes, unser wildes und freies Selbst. Denn die Landschaften und ihre Attribute finden sich in uns: die Stille der Wüste, die Weisheit der Wälder, die Sehnsucht der Flüsse und Meere, die Festigkeit der Berge oder die Sinnlichkeit der Graslande. Unsere Seele ist der Erde entsprungen, und wir müssen sie wieder mit ihr verbinden, wenn wir ganz und heil sein wollen. Dazu ist dieses Buch ein faszinierender Reiseführer.

Mary Reynolds Thompson
Der Ruf der wilden Seele
Wie uns die Landschaften der Erde
unsere Ganzheit zurückgeben
Paperback, 224 Seiten
ISBN 978-3-89060-729-0

Über die Liebeskraft in jedem menschlichen Herzen

Mit Staunen erkennen wir, welche Möglichkeiten unser menschliches Herz birgt, wenn das »System der drei Herzen« in dieser Zeit der Wandlung erwacht. Die Synergie der neuen Herzmitte entsteht durch die Resonanz des elementaren Herzens mit dem Drachenherzen und dem Feenherzen sowie dem Fraktal des Erdherzens.

Das Liebesfeld von Gaia, der Mutter und Schöpferin der lebendigen Erde, durchdringt und liebkost alle Wesenheiten und Ebenen des irdischen Universums. Die holographischen Teilstücke dieses gigantischen Erdherzens befinden sich im Kern aller Wesenheiten der Natur und der Landschaft, seien sie manifestiert in relativ festen Körpern oder für das menschliche Auge unsichtbar. Mit Hilfe praktischer Übungen können wir die neuen Dimensionen des Herzsystems nachvollziehen.

Marko Pogačnik
Die Urkraft im Kern des menschlichen Herzens
Klappenbroschur, 144 Seiten
ISBN 978-3-89060-825-9

Mitgehen in der großen Umwandlung der Erde

Es ist unmöglich, die auftauchenden ökologischen und sozialen Herausforderungen allein auf der physischen Ebene zu lösen – die archetypischen Ebenen verlangen nach Aufmerksamkeit. Mit ihnen befasst sich der weltbekannte Bildhauer, Land-Art-Künstler und Geomant Marko Pogačnik schon lange. Und mit diesem Buch möchte er allen, die für diese Ebenen offen sind, helfen, sich auf die kommende Zeit einzuschwingen und die Erde in ihrem Wandlungstanz zu begleiten.

Marko Pogačnik
Wandlungstanz der Erde
Ein Begleiter durch die Herausforderungen
der jetzigen Zeit
Klappenbroschur, 208 Seiten
ISBN 978-3-89060-762-7

Die Neue Erde manifestieren

Angesichts der Notlagen in der Welt – Krieg, Artensterben, Klimazerrüttung und mehr – ist heute nichts notwendiger, als das Bild einer glücklichen, lebenswerten und erfüllenden Zukunft erstehen und aus dieser Vorstellung heraus Wirklichkeit werden zu lassen: zu manifestieren. Dieses Buch entwirft eine Vision mit riesigem Wachstumspotential, und wir alle sind aufgerufen, unsere Welt von morgen bereits heute zu erträumen – und zu erschaffen.

Catharina Roland, Coco Tache
Das Manifest der Neuen Erde
Hardcover, 208 Seiten, durchgehend mit farbigen Fotos
ISBN 978-3-89060-824-2

Alles teilt den einen Atem

Diese brandaktuelle Sammlung von Essays, geschrieben von Leitfiguren der Spiritualität und des Naturschutzes rund um die Welt, beleuchtet den grundlegenden Zusammenhang unserer gegenwärtigen ökologischen Krise mit unserem fehlenden Bewusstsein für die Heiligkeit der Schöpfung. Diese 20 Beiträge zeigen uns, wie die Menschheit ihre Beziehung zur Erde wandeln und erneuern kann.

Llewellyn Vaughan-Lee (Hrsg.)
Spirituelle Ökologie
Der Ruf der Erde
Paperback, 256 Seiten
ISBN 978-3-89060-654-5

Erinnerungen einer der großen Aktivistinnen unserer Zeit

Ihr gesamtes Lebenswerk ist von einer tiefen Liebe zum Leben und zur Freiheit durchdrungen. Es ist diese Liebe, die sie anspornt, all das zu verteidigen, was von Unfreiheit bedroht ist – Wälder, Flüsse, Saatgut, Boden, Biodiversität und auch die Menschen, die davon leben. Zusammen mit der quantenphysikalischen Erkenntnis, dass alles miteinander verbunden, alles eins ist, weiß sie Herz und Intellekt zu einer unschlagbaren Waffe im Kampf für das Leben zu vereinen.

Vandana Shiva
TERRA VIVA
Mein Leben für eine lebendige Erde
Hardcover, 248 Seiten
ISBN 978-3-89060-829-7

Landwirtschaft: vom Problem zur Lösung

In Agrarökologie und regenerative Landwirtschaft zeigt Vandana Shiva die wahren Kosten des industrialisierten landwirtschaftlichen Produktionsmodells auf – von den negativen Auswirkungen auf die Umwelt, die Wirtschaft und die menschliche Gesundheit. Wir können es uns nicht leisten, diesen Weg weiter zu beschreiten. Shiva zeigt uns, wie zwingend notwendig es für die Menschheit ist, eine regenerative Landwirtschaft zu betreiben. Eine Pflichtlektüre für alle, die sich Sorgen um unsere Zukunft machen.

Vandana Shiva
Agrarökologie und regenerative Landwirtschaft
Nachhaltige Lösungen für Hunger, Armut und Klimaveränderungen
Mit einem Vorwort von Hans Rudolf Herren
Klappenbroschur, 384 Seiten
ISBN 978-3-89060-842-6

Wie geht Klima-Heilung?

Es ist ein seltsamer Widerspruch: Eigentlich weiß jeder, wie dramatisch die globale Lage ist, aber unsere Reaktion auf diese alles Leben bedrohende Situation steht in keinem Verhältnis dazu. Wir tun so, als wäre das alles noch weit weg. So können wir Wut, Trauer und Schmerz ausweichen – und fahren blindlings gegen die Wand. Jack Adam Weber fordert uns auf, uns unserem Schmerz zu stellen, denn eben hier liegt die Quelle der Kraft, um den nötigen Wandel einzuleiten: in uns und damit in der Welt.

Jack Adam Weber
Klima-Heilung
Den Wandel einleiten: in uns
und damit in der Welt
Klappenbroschur, 400 Seiten
ISBN 978-3-89060-789-4

Ein selten hellsichtiges Werk

Das Heilmittel par excellence, das uns aus unserer Verblendung erlösen kann, ist das Licht, das wir auf unseren eigenen Schatten und die Existenz des Bösen werfen. Dieses Buch verhilft dazu, Wetiko in seinen vielfältigen Erscheinungsformen und Verkleidungen zu erkennen – sowohl in der äußeren Welt als auch in uns. Dabei stützt der Autor sich nicht nur auf Weisheitstraditionen wie die Kabbala oder das Yoga, sondern ebenso auf Carl Gustav Jung, den er immer wieder anführt, oder Schriftsteller wie Philip K. Dick und Colin Wilson.

Paul Levy
Wetiko
Das Geistesvirus heilen,
das unsere Welt heimsucht
Klappenbroschur, 384 Seiten
ISBN 978-3-89060-818-1

Sehnsuchtsort Wald

Das Buch ist ein liebevoller Begleiter auf dem Weg in die Waldverbundenheit. Es möchte daran erinnern, dass im Wald der Ursprung unseres Lebens liegt, dass wir Menschen Teil der Natur sind. Die »Krankheit«, an der wir als Einzelne und als Gesellschaft leiden, ist unsere Illusion der Trennung von der Natur, die zu Entfremdung, Ausbeutung und Gefühlen von Ohnmacht führt. Die im Buch vermittelten Erfahrungen knüpfen an mystische Naturerfahrungen aus der Kindheit an, in denen wir sehr gegenwärtig waren und ganz unmittelbar empfanden, dass alles mit allem verbunden ist.

Andrea Wichterich mit Reiner Angermeier
Waldverbunden
Eintauchen in die Präsenz des Waldes
Klappenbroschur, 176 Seiten, mit Abbildungen
ISBN 978-3-89060-742-9

Der Yoga-Weg zur Selbsterkenntnis

Der Yoga-Weg ist vielgestaltig wie das Leben selbst, und groß an der Zahl sind auch die Yoga-Stellungen und -Übungen. Dieses Orakel verknüpft die Yogalehre, Chakren und Asanas sowie die Fünf Elemente mit unseren Lebensthemen. Jede der 36 Karten bildet eine Yogastellung ab und bindet sie in Themen ein, die uns auf unserem Lebensweg begegnen. Das Buch ist eine Einführung in das Yoga und gibt zu jeder Orakelkarte eine ausführliche Erläuterung sowie einen prägnanten Orakeltext. Die Karten gliedern sich – analog zu den Fünf Elementen – in fünf Gruppen mit je sieben Karten. Die Meisterkarte, das OM, vollendet das Deck zur Zahl 36.

Andrea Wichterich, Reiner Angermeier
Das Yoga-Orakel
Erkenne dich selbst
Buch 160 Seiten mit 36 Karten
ISBN 978-3-89060-844-0

Worte, die unsere Herzen suchen

Die hier neu herausgebrachten Gedanken und Gedichte dieses Angehörigen der Ureinwohner am Pit River im Norden des heutigen Kaliforniens haben weder von ihrer Aktualität noch von ihrer Kraft und Tiefe etwas eingebüßt. Es sind Worte, die unsere Herzen suchen – damit wir uns erinnern...

Darryl Wilson
Wellen auf dem Meer der Zeit
Gedanken eines Achomawi
Klappenbroschur, 144 Seiten, viele Schwarz-Weiß-Fotos
ISBN 978-3-89060-843-3

Die Neue Erde GmbH gehört zu 25 % der Stiftung Kreis der Bäume, die Räume für Bäume schafft.

https://kreis-der-baeume.de

2024 und 2025 wird noch eine Reihe weiterer relevanter Bücher erscheinen, die Wege weisen zu einem Frieden mit der Natur. Um auf dem laufenden zu bleiben, informieren Sie sich auf **www.neue-erde.de** und abonnieren Sie dort unseren Newsletter.

Und positive Impulse für eine Neue Erde gibt es hier:
positives-ist-machbar.de

Hier kann man sich zum **Neue Erde-Newsletter** anmelden:
newsletter.neueerde.de/anmeldung

NEUE ERDE im Buchhandel

Neue Erde ist ein kleiner unabhängiger Verlag, und der unabhängige Buchhandel ist unser natürlicher Partner. Wir unterstützen die Initiative »buy local«.

Sollte es Lieferschwierigkeiten bei den Büchern von NEUE ERDE geben, lassen Sie immer im VLB (Verzeichnis lieferbarer Bücher) nachsehen, im Internet unter **www.buchhandel.de**

Alle lieferbaren Titel des Verlags sind für den Buchhandel verfügbar.

Sie finden unsere Bücher auch auf unserer Homepage **www.neue-erde.de.**
Kontakt:

NEUE ERDE GmbH
Cecilienstr. 29 · 66111 Saarbrücken
info@neue-erde.de